AF232700

# MANUEL

## DE LA

# LIBERTÉ INDIVIDUELLE

PAR

## F. HEROLD ET P. JOZON

Docteurs en droit,

Avocats au Conseil d'État et à la Cour de cassation.

—

### DEUXIÈME ÉDITION

—

### Prix : 50 centimes

## PARIS

CHORIN, LIBRAIRE-ÉDITEUR,
BOULEVARD SAINT-MICHEL, 58.
MARS 1868.

# MANUEL

## DE LA

# LIBERTÉ INDIVIDUELLE

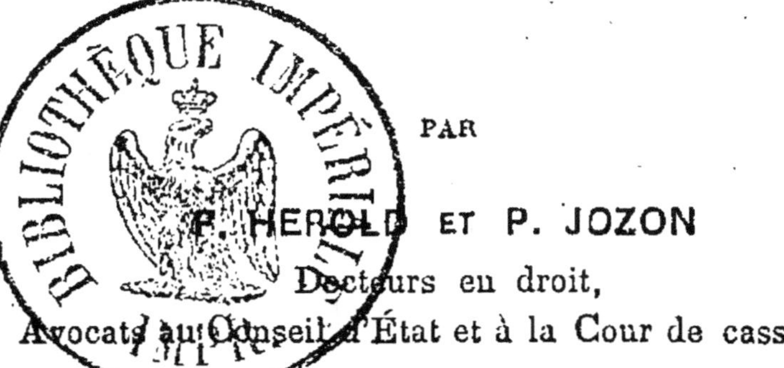


PAR

**F. HÉROLD** ET **P. JOZON**

Docteurs en droit,

Avocats au Conseil d'État et à la Cour de cassation.

Deuxième édition

PARIS

E. THORIN, LIBRAIRE-ÉDITEUR,

BOULEVARD SAINT-MICHEL, 58.

MARS 1868.

1868

# MANUEL

## DE LA

# LIBERTÉ INDIVIDUELLE

---

## INTRODUCTION

1. L'une des premières conséquences de la Ré-volution de 1789 a été de faire reconnaître et proclamer le principe de la liberté individuelle, qui jusque-là avait été livrée sans défense au bon plaisir du gouvernement et des personnages puissants.

L'Assemblée Constituante avait déja, par des décrets spéciaux rendus en diverses circonstances, appliqué le principe, lorsqu'elle le consacra par la Constitution du 3 septembre 1791 (déclaration des droits, art. 7; tit. 3, ch. 5, art. 10 à 16).

Depuis, le principe de la liberté individuelle a été confirmé par un grand nombre de textes législatifs, parmi lesquels nous citerons : la Constitution du 24 juin 1793 (déclaration des droits, art. 9 à 13), la Constitution du 5 fructidor an III (art. 222 à 232 et 359), la Constitution du 22 frimaire an VIII (art. 76 à 82), la Charte constitutionnelle du 4 juin 1814 (art. 4), l'Acte additionnel aux Constitutions de l'Empire du

22 avril 1815 (art. 61), la Charte constitutionnelle du 7 août 1830 (art. 4), la Constitution du 4 novembre 1848 (art. 2). On peut même dire que le principe de la liberté individuelle est implicitement contenu dans l'art. 1er de la Constitution du 14 janvier 1852, qui « reconnaît, confirme et garantit les grands principes proclamés en 1789, et qui sont la base du droit public des Français. »

2. Mais il ne suffit pas de proclamer un principe dans les Constitutions, il faut encore, pour le mettre efficacement en vigueur, en régler l'application par des lois précises et positives. C'est ce qu'ont fait pour la liberté individuelle, mais avec une insuffisance universellement reconnue, les lois pénales générales, spécialement le Code des délits et des peines du 3 brumaire an IV (tit. 19, art. 581 et suiv.), puis le Code d'instruction criminelle du 23 novembre 1808 (art. 16, 40 et suiv., 49, 91 à 126, 232 et 233, 615 à 618) et le Code pénal du 22 février 1810 (art. 114 et suiv., 184 et 186, et 341 à 344). A côté de ces textes généraux, des lois spéciales sont venues apporter à l'application du principe de la liberté individuelle, leur contingent de complications, et le plus souvent de regrettables restrictions. Parmi celles qui ont ce dernier caractère, et qui, intervenues pour la plupart aux époques les plus troublées de notre histoire contemporaine, ne s'appuyaient que sur des nécessités politiques au moins contestables, nous citerons les Décrets des 3 avril et 17 septembre 1793, sur l'arrestation des suspects, la Loi de sûreté générale du 29 octobre 1815, les Lois analogues des 12 février

1817 et 26 mars 1820, le Décret du 8 décembre 1851 et la Loi de sûreté générale du 27 février 1858. De ces divers textes législatifs, le Décret du 8 décembre 1851 est le seul qui soit encore en vigueur sur les points qui nous occupent. — Citons encore, à cause de leurs rapports nécessaires avec notre matière, les Lois sur l'organisation de la gendarmerie (Loi du 28 germinal an vi, Ordonnance du 20 octobre 1820, Décret du 1er mars 1854) et la Loi sur les aliénés du 30 juin 1838.

Il est résulté de cette situation précaire de la liberté individuelle en France, des incertitudes et des obscurités qu'on a signalées fréquemment et avec insistance. Mais on peut dire que les questions relatives à la liberté individuelle, à la légalité ou à l'illégalité d'arrestations opérées dans certaines conditions, aux cas où il est permis ou au contraire défendu de résister à ces arrestations, et aux moyens à employer pour obtenir réparation quand elle est due, n'ont jamais eu, grâce à une succession de faits récents, plus d'actualité qu'aujourd'hui. L'opinion publique s'inquiète de la facilité avec laquelle la législation actuelle et l'interprétation qui lui est donnée permettent aux agents de la force publique d'arrêter les citoyens parfois les plus paisibles, sous les prétextes les plus légers. (Voir, par exemple, la déposition de M. Montandon, devant le tribunal correctionnel de la Seine, dans l'affaire dite du cimetière Montmartre, *Gazette des tribunaux* et *Droit* du 5 décembre 1867).

On se demande si, à défaut de ces protections précieuses, comme l'*habeas corpus* de la libre Angleterre, que plusieurs nations voisines ont le bonheur de posséder, pour sauvegarder la liberté individuelle, la législation française n'offre pas tout au moins quelques entraves à opposer au zèle des agents subalternes de l'autorité; on se refuse à regarder comme perdue cette grande conquête de la Révolution de 1789, la liberté de la personne, qui constitue le premier de nos droits naturels, droit sans lequel il n'y a pour une nation ni dignité, ni sécurité, ni par conséquent prospérité véritable.

3. C'est pour répondre à cette préoccupation que nous nous sommes proposé d'étudier et d'exposer aussi brièvement que possible quelles sont les garanties, quelque défectueuses qu'elles puissent être dans certains cas, qu'assure notre législation actuelle à la liberté individuelle, et comment la jurisprudence interprète et applique ces garanties.

Nous rechercherons donc et nous nous efforcerons de déterminer avec exactitude :

Qui peut être l'objet d'une arrestation ;

Qui peut ordonner et opérer une arrestation ;

De quelles formalités doit être accompagnée une arrestation pour être régulière ;

Quels sont, suivant les cas, le caractère et la durée de la détention qui suit l'arrestation ;

Enfin, quelles sont les voies de recours et de réparation contre une arrestation irrégulière.

# CHAPITRE PREMIER.

## Qui peut être l'objet d'une arrestation.

**4.** L'arrestation peut avoir soit le caractère d'une mesure d'instruction judiciaire ou d'exécution de décisions judiciaires, soit le caractère d'une mesure politique, soit le caractère d'une simple mesure de police.

**5.** L'arrestation par mesure d'instruction judiciaire a lieu pour empêcher les individus inculpés d'infractions à la loi pénale de se dérober par la fuite aux poursuites dont ils sont l'objet et pour faciliter à la justice la découverte des preuves de la participation de tels ou tels individus à cette infraction.

Peuvent être arrêtés à ce titre :

Les inculpés d'un crime et les inculpés d'un délit pouvant emporter la peine de l'emprisonnement (art. 91 et 94 C. instr. crim., modifiés par la loi du 14 juillet 1865);

Les inculpés d'un délit n'emportant point la peine de l'emprisonnement, s'ils sont surpris en flagrant délit — ainsi qu'il sera plus amplement expliqué aux numéros 21 à 28 — ou s'ils n'obéissent pas au mandat de comparution décerné régulièrement contre eux par le juge d'instruction (art. 91 C. instr. crim.). Le mandat de comparution, qui n'emporte ni contrainte ni arrestation et ajourne simplement l'inculpé à se présenter dans tel lieu et à telle heure devant le juge d'instruction, peut être alors converti en un mandat d'amener, entraînant la contrainte (art. 99 C. instr. crim.) et une détention de vingt-quatre heures au plus (art. 93 C. instr. crim.);

Les témoins qui refusent de comparaître sur la citation à eux donnée par le juge d'instruction (art. 92 C. instr. crim.).

Dans ces deux derniers cas, l'arrestation a pour unique but d'amener ceux qui en sont l'objet à comparaître par la force devant le juge d'instruction.

**6.** Le juge d'instruction est normalement, et sauf le cas de flagrant délit et quelques cas spéciaux sur lesquels des explications seront données dans les paragraphes suivants, le seul magistrat compétent pour ordonner une arrestation par mesure d'instruction judiciaire.

Il rentre dans le pouvoir discrétionnaire du juge d'instruction de ne pas user de la faculté, que lui accorde la loi, d'ordonner cette arrestation—et de laisser les inculpés d'un délit ou même d'un crime en liberté provisoire, avec ou sans caution (art. 113 et suiv. C. instr. crim.). Autrefois, le juge d'instruction ne pouvait laisser l'inculpé en liberté provisoire lorsque l'inculpation qui pesait sur lui consistait dans un crime ou, si elle consistait dans un délit, lorsque l'inculpé était sans domicile ; la Loi du 14 juillet 1865, sur la mise en liberté provisoire, est venue opérer sur ce point une réforme depuis longtemps réclamée.

Mais lorsque la Chambre des mises en accusation prononce la mise en accusation d'un individu inculpé d'un crime, elle doit, alors même que cet individu aurait été laissé en liberté provisoire par

le juge d'instruction, décerner contre lui une ordonnance de prise de corps, en vertu de laquelle il
est procédé, sans plus de délai, à son arrestation
(art. 126 et 232 C. instr. crim.).

**7.** Les juges d'instruction ne peuvent, dans les
cas où il leur est permis de faire arrêter un individu
par mesure d'instruction, décerner contre lui, à l'o-
rigine, qu'un simple mandat d'amener, n'entraînant
pour celui qui en est l'objet, qu'une détention de
vingt-quatre heures au plus (art. 93 C. instr. crim.).
Telle est au moins l'opinion générale, à laquelle
nous nous rallions. Certains criminalistes prétendent
au contraire que les juges d'instruction peuvent décerner, dès l'origine, sinon un mandat de dépôt, au
moins un mandat d'arrêt, au lieu d'un simple mandat d'amener. Ce qui est certain, c'est qu'ils peuvent,
soit avant, soit après l'interrogatoire intervenu sur
un mandat de comparution ou d'amener, soit en
cas de fuite de l'inculpé, et lorsque le fait qui lui est
imputé emporte au moins la peine de l'emprisonnement (Cass., rej., 4 août 1820), convertir le mandat
d'amener en un mandat de dépôt ou d'arrêt, entraînant pour l'inculpé une détention qui peut avoir,
suivant les cas, ou une durée de cinq jours, ou une
durée indéfinie en ce sens qu'elle peut se prolonger
jusqu'au jugement à rendre sur l'inculpation dirigée
contre lui.

Les mandats de dépôt et d'arrêt peuvent être décernés par le juge d'instruction soit immédiatement
après l'interrogatoire, soit à un moment quelconque
de l'information ; ils ne diffèrent l'un de l'autre,

quant à leurs effets, que par des détails insignifiants.

Les juges d'instruction ne peuvent, au contraire, transformer en un autre mandat le mandat d'amener décerné contre l'inculpé d'un délit n'emportant pas la peine de l'emprisonnement ou contre le témoin qui refuse de comparaître devant eux ; la détention qui suit l'arrestation de cet inculpé ou de ce témoin ne durera donc jamais plus de vingt-quatre heures (art. 92 et 93 C. instr. crim.).

**8.** On voit par les explications qui précèdent que les inculpés de simples contraventions ne peuvent jamais être arrêtés par mesure d'instruction judiciaire. Ce point est constant (Cass., 19 avril 1806. Voir aussi Circ. du Min. de l'int. du 21 juillet 1858).

On voit aussi que les inculpés d'un délit n'entraînant pas la peine de l'emprisonnement ne peuvent être arrêtés qu'en cas de flagrant délit où lorsqu'ils se refusent à comparaître devant le juge d'instruction. Hors ce cas, le juge ne peut décerner contre eux de mandat d'amener. Telle était la disposition formelle de l'art. 69 du Code du 3 brumaire an IV et, bien qu'elle n'ait point été reproduite en termes exprès par le Code d'instruction criminelle, les commentateurs la considèrent avec raison comme ayant été implicitement conservée par lui et résultant de la combinaison de ses articles. On peut ajouter à ceux que nous avons cités l'art. 131, qui porte que « si le délit ne doit pas entraîner la peine de l'emprisonnement, le prévenu sera mis en liberté, à la charge de se présenter au jour fixé devant le Tribunal compétent. » Mais le juge a la faculté de convertir, comme nous l'avons expliqué, le mandat de comparution en un mandat d'amener, si l'inculpé refuse d'y obéir.

**9.** Peuvent être arrêtés pour l'exécution des décisions judiciaires prononcées contre eux :

Les individus condamnés à une peine privative de liberté ou au bannissement, tant qu'ils n'ont pas subi intégralement leur peine (art. 16 et suiv., 32, 40 à 43 C. pénal);

Les individus contre lesquels la contrainte par corps a été prononcée et qui n'ont pas exécuté intégralement la condamnation à laquelle cette contrainte sert de garantie. La contrainte par corps est aujourd'hui d'une application très-rare. Elle n'existe plus qu'au profit de l'État, en matière de condamnations pénales prononcées pour crimes, délits ou contraventions, ou au profit des particuliers, en matière de condamnations civiles prononcées à titre de réparation du dommage causé par des infractions à la loi pénale. Elle est toujours temporaire, et le jugement qui la prononce doit en déterminer la durée dans les limites extrêmes minima et maxima fixées par la Loi (V. la Loi du 22 juillet 1867).

**10.** Les Lois spéciales qui ont interdit le territoire de la France à certaines personnes dénommées ou à certaines catégories de personnes désignées on autorisé par là même l'arrestation de ces personnes par mesure politique.

Telles sont la Loi du 10 avril 1832 rendue contre la branche aînée des Bourbons et le Décret du 26 mai 1848 rendu contre la famille de Louis-Philippe

Même mesure avait été édictée à l'égard des membres de la famille Bonaparte par l'art. 4 de la Loi dite d'amnistie du 12 janvier 1816, et renouvelée par l'art. 6 de la Loi du 10 avril 1832. Cette disposition a été abrogée par le Décret du 11 octobre 1848.

Deux Décrets du 9 janvier 1852 avaient prononcé l'expulsion de soixante-six Représentants du peuple de l'Assemblée nationale et l'éloignement de dix-huit autres. Ils ont cessé d'exister par le Décret d'amnistie du 16 août 1859.

Le Décret du 8 décembre 1851 prévoit des cas d'arrestation qui ont un caractère à la fois politique et de police. Nous en traiterons cependant, à raison de la prédominance de ce dernier caractère, lorsque nous nous occuperons des arrestations par mesure de police.

**11.** L'arrestation par mesure de police a lieu pour assurer le maintien ou le rétablissement du bon ordre, de la tranquillité ou de la sécurité publiques, menacés ou troublés. Elle peut être employée à l'égard :

Des fous furieux (Loi du 30 juillet 1838, art. 28 et suiv.);

Des fous non-furieux, dans certaines conditions;

Des individus qui troublent matériellement le bon ordre, la tranquillité et la sécurité publiques, lorsque leur arrestation est le seul moyen de faire cesser le trouble qu'ils excitent;

Des individus placés sous la surveillance de la haute police, qui sont reconnus coupables de rup-

ture de ban, et des individus reconnus coupab
d'avoir fait partie d'une société secrète ;

Des individus appartenant, à quelque titre qu
soit, aux armées de terre ou de mer, dans un gr
nombre de cas spéciaux que nous ne pensons
devoir examiner ici ;

Des étrangers.

**12.** Les fous non-furieux ne peuvent être arrê
que sur une demande d'admission dans un établis
ment d'aliénés, émanée d'un parent ou, à défaut
parents, d'une personne ayant des relations a
l'aliéné, et sur le vu d'un certificat de méde
constatant l'état mental de l'aliéné et indiquant
particularités de sa maladie et la nécessité de le fa
traiter dans un établissement d'aliénés et de
tenir enfermé (Loi du 30 juin 1838, art. 8).

L'arrestation et la détention des aliénés ou s
disants tels a donné lieu aux plus graves abus.
médecins sont armés, par la Loi de 1838, d'
pouvoir exorbitant ; il dépend d'eux, en délivran
certificat prescrit par l'art. 8, de mettre un par
ou même un étranger, en mesure de faire enfer
sous prétexte de folie, une personne qu'il peut av
intérêt à faire disparaître. La seule garantie con
les écarts de ce pouvoir est dans le caractère e
conscience des médecins. Mais, sans parler
collusions ou des complaisances qui peuvent mal
tout se produire, l'expérience a démontré dep
longtemps que les médecins aliénistes, les p
fréquemment consultés en pareille matière, s
amenés peu à peu par la nature de leurs étude

de leurs occupations journalières, à voir des fous dans un grand nombre de personnes qui ne seront pas généralement considérées comme tels dans le monde. Aussi délivrent-ils trop souvent avec une excessive facilité, quoiqu'avec une parfaite bonne foi, le certificat en vertu duquel un citoyen inoffensif, atteint tout au plus de quelque manie sans gravité, qui n'altère pas sensiblement l'ensemble de ses facultés intellectuelles et ne l'empêche pas de continuer à gérer ses affaires, va être arrêté et détenu dans un établissement d'aliénés. Les exemples de ces sortes d'arrestations, éminemment regrettables et douloureuses, se sont multipliés au point d'inquiéter sérieusement l'opinion publique. La réforme des dispositions de la Loi de 1838 sur ce point est l'une des plus universellement demandées, et serait certainement l'une des mieux accueillies.

**13.** Des abus plus graves encore sont résultés du droit d'arrestation employé comme mesure de police pour le maintien du bon ordre.

Ce droit, qui n'est établi en principe par aucune disposition législative, se déduit des textes qui confient la police générale ou locale avec des dispositions de détail plus ou moins étendues à telle ou telle autorité, spécialement à la gendarmerie (Loi du 28 germinal an VI, art. 125). La police implique parmi ses conséquences forcées le droit d'écarter toute cause de trouble pour l'ordre matériel, et cette mission doit être remplie par elle, fût-ce au moyen d'une arrestation. Ce raisonnement nous paraît suffisamment fondé, et le droit d'arrestation par mesure de police n'est guère, en principe, contestable ni contesté. Ainsi, lorsqu'un ivrogne, trébuchant et tombant au milieu de rues passagères, gêne et trouble la circulation en s'exposant lui-même à de vrais dangers, s'il ne peut ou ne veut s'éloigner, il appartient évidemment à la police, quoique cet ivrogne n'ait commis ni crime, ni délit, de l'arrêter et de le détenir jusqu'à ce qu'il ait recouvré la raison.

Mais autant l'usage de ce droit d'arrestation est nécessaire et légitime, autant l'abus est à craindre et peut donner lieu, de la part d'agents subalternes ou trop zélés ou inintelligents ou même malveillants, à des arrestations opérées, sous prétexte de mesures de police, à la légère et sans aucun motif sérieux. Aussi le vague de nos lois sur ce point est-il devenu le sujet de réclamations aussi unanimes que fondées. Il serait indispensable, pour donner satisfaction à ces réclamations, que des règles précises fussent tracées par la loi et que des instructions minutieuses fussent données aux agents de la police pour prévenir toute arrestation inutile et abusive.

**14.** Tout ce qu'on peut dire, en vertu même des principes généraux qui justifient seuls les arrestations par mesure de police, c'est qu'elles ne doivent être opérées qu'avec une extrême réserve et en cas de nécessité absolue, c'est-à-dire :

Lorsque l'ordre matériel, la tranquillité ou la sécurité publiques sont sérieusement troublés ;

Lorsque ceux qui excitent ce trouble ne veulent ou ne peuvent s'abstenir de continuer à l'exciter ;

Lorsque leur arrestation sera de nature à rétablir l'ordre et la tranquillité publics ;

Enfin, lorsque cette arrestation, à laquelle il n'y a lieu de recourir qu'à la dernière extrémité, sera le seul et unique moyen d'arriver à ce résultat.

Hors de ces conditions, toute arrestation par mesure de police est irrégulière et illégale èt elle engage directement et personnellement, comme nous l'indiquerons dans notre dernier chapitre, la responsabilité de celui qui l'a opérée.

**15.** C'est donc sans droit aucun que la police croit pouvoir procéder à des arrestations en dehors des cas qui viennent d'être indiqués, spécialement à l'égard de certaines catégories de personnes sur lesquelles pèse aujourd'hui la menace incessante d'une arrestation : les filles publiques, les vagabonds, les mendiants valides, même lorsqu'ils ne sont pas surpris en flagrant délit. La pratique établie à leur égard, si invétérée qu'elle soit, n'en est pas moins contraire à la loi et elle n'a pu avoir pour effet de légitimer cette illégalité évidente. Elle est imposée, dit-on, par la nécessité ; soit : mais alors que la loi intervienne et régularise cette pratique dans la mesure indispensable. Nous sommes loin de vouloir méconnaître les nécessités de l'ordre public. L'exagération de la thèse libérale serait ici dangereuse pour la liberté elle-même, car si l'on refuse à l'administration les moyens d'action dont elle a besoin pour remplir sa mission d'assurer la sécurité, le sentiment public la forcera à user, sans permission et sans limite aussi, comme il arrive, des moyens à sa disposition ; et de là, l'arbitraire. Que la loi accorde donc à la police les pouvoirs sans lesquels le bon ordre ne saurait subsister : mais il faut une loi. Nous ne connaissons rien de plus contraire à ce bon ordre même que l'état de fait sous lequel nous vivons.

**16.** Le droit exorbitant d'arrêter par mesure de sûreté générale les individus placés sus la surveillance de la haute police, « qui sont reconnus coupables de rupture de ban, » et les individus « reconnus coupables d'avoir fait partie d'une société secrète, » dérive implicitement, pour le gouvernement, du Décret du 8 décembre 1851, qui lui permet de les transporter dans une colonie pénitentiaire, à Cayenne ou en Algérie.

Il faut remarquer que le Décret du 8 décembre 1851, quelque rigoureux qu'il soit, exige, pour que les mesures qu'il édicte soient appliquées, que les individus qu'elles frappent aient été « reconnus coupables, » sans autre explication. Leur culpabilité doit donc avoir été reconnue d'après le droit commun. Or, d'après le droit commun, c'est l'autorité judiciaire seule qui est compétente pour reconnaître et proclamer la culpabilité des prévenus. Il faut en conclure que le droit conféré à l'administration par le Décret de 1851 ne peut être exercé que contre les individus préalablement condamnés par les tribunaux correctionnels, soit pour avoir rompu leur ban, soit pour avoir fait partie d'une société secrète.

La Loi, dite de sûreté générale, du 27 février 1858, donnait au gouvernement, jusqu'au 31 mars 1865, des droits plus excessifs encore et mettait hors la loi plusieurs catégories de citoyens. Mais les dispositions de cette loi, devenues l'objet d'une réprobation universelle, n'ont pas été renouvelées et ont, conséquemment, cessé d'avoir effet à partir du 31 mars 1865.

**17.** Le gouvernement français est investi du droit d'expulser de France, par mesure de police générale, et conséquemment de faire arrêter et conduire à la frontière, tout étranger non autorisé ou même autorisé à établir son domicile en France (Cass., rej., 30 juin 1827). Toutefois si l'étranger est autorisé à établir son domicile en France, l'expulsion n'a d'effet, sauf le cas de retrait de l'autorisation, que pour une durée de deux mois (Loi du 3 décembre 1849, art. 9).

**18.** Les règles qui viennent d'être exposées subissent quelques exceptions, spécialement en faveur de personnes revêtues de fonctions publiques, comme les ministres, les sénateurs et les députés, lesquelles ne peuvent être arrêtées qu'après certaines conditions préalables. Mais nous laissons de côté ces exceptions, d'une application trop rare pour que nous devions nous en occuper ici.

# CHAPITRE II

## Qui peut ordonner et opérer une arrestation.

**19**. Il faut distinguer dans toute arrestation l'agent intellectuel et l'agent d'exécution qui y concourent ou, en d'autres termes, celui qui est compétent pour ordonner l'arrestation et celui qui est compétent pour y procéder matériellement.

Nous avons déjà dit que le juge d'instruction seul est compétent, sauf les cas de flagrant délit ou les cas qui y sont assimilés et quelques cas spéciaux qui vont être indiqués, pour ordonner une arrestation par mesure d'instruction judiciaire.

**20**. Les tribunaux et les Cours peuvent décerner, suivant le cas, un mandat de dépôt ou d'arrêt ou une ordonnance de prise de corps contre le prévenu qui, mis en liberté provisoire et régulièrement cité ou ajourné, ne comparaît pas (art. 125 C. instr. crim.).

La chambre des mises en accusation doit décerner contre l'inculpé qu'elle renvoie devant la cour d'assises, une ordonnance de prise de corps en vertu de laquelle il est immédiatement arrêté (art. 126 C. instr. crim.).

L'art. 462 C. instr. crim. donne à l'officier chargé du ministère public, dans un cas spécial, celui où « une Cour ou un tribunal trouve dans la visite d'un procès, même civil, des indices sur un faux et sur la personne qui l'a commis, » le droit de décerner un mandat d'amener.

Peuvent procéder à ces arrestations tous huissiers et agents dépendant de la gendarmerie ou de la police (art. 91 C. instr. crim.). Ils se font, au besoin, accompagner de la force publique du lieu le plus voisin, laquelle est tenue de marcher sur la réquisition contenue dans le mandat d'amener, de dépôt ou d'arrêt (art. 99 et 108 C. instr. crim.) ou dans l'ordonnance de prise de corps.

**21.** En cas de flagrant délit ou cas assimilés au flagrant délit, les procureurs impériaux (art. 40 C. instr. crim.) et, à leur défaut, les juges de paix, officiers de gendarmerie, commissaires généraux de police, maires et commissaires de police (art. 48 et suiv. C. instr. crim. ; Aj. spécialement pour les commissaires de police, Cass., rej., 11 Mai 1854), peuvent, si le délit est de nature à entraîner une peine afflictive ou infamante, c'est-à-dire constitue un crime (art. 1er C. pén.), suppléer le juge d'instruction et décerner contre l'inculpé un mandat d'amener.

On appelle flagrant délit le délit qui se commet actuellement ou qui vient de se commettre. Les cas assimilés au flagrant délit sont ceux où le prévenu est poursuivi par la clameur publique ou trouvé, dans un temps voisin du délit, nanti d'effets, armes, instruments ou papiers faisant présumer qu'il est auteur ou complice (art. 41 C. instr. crim.), enfin le cas où le chef d'une maison dans laquelle a été commis un crime ou un délit, requiert le Procureur impérial de le constater (art. 46 C. instr, crim.).

**22.** Le mandat d'amener décerné par l'officier de police judiciaire dans le cas de flagrant délit, ne peut être, d'après l'opinion générale, levé par lui, mais seulement par le juge d'instruction , seul compétent pour rendre le prévenu à la liberté (art. 45 C. instr. crim.). D'après une autre opinion, l'officier de police judiciaire qui a décerné le mandat d'amener pourrait mettre fin par lui-même à la détention du prévenu.

L'officier de police judiciaire peut aussi, toujours au même cas de flagrant délit, se borner, sans décerner de mandat, à empêcher l'inculpé de sortir de la maison ou de s'écarter du lieu où il se trouve (art. 34 C. instr. crim.). Il peut ensuite lever lui-même, et sans le concours du juge d'instruction, s'il le juge inutile, cette prohibition. Mais si elle n'est point observée, le contrevenant sera, s'il est saisi, déposé dans la maison d'arrêt, et condamné par le juge d'instruction sur les conclusions du procureur impérial, à une peine qui ne pourra excéder dix jours d'emprisonnement et cent francs d'amende. (art. 34 C. instr. crim.)

On admet généralement qu'une fois déposé, en vertu de l'art. 34, dans la maison d'arrêt, l'inculpé ne peut plus être mis en liberté provisoire que par le juge d'instruction.

**23.** Il est à remarquer que l'art. 34 s'exprime d'une manière générale, quant aux personnes qui peuvent être l'objet des mesures qu'il indique. L'officier de police judiciaire, dit-il, « pourra défendre que qui que ce soit ne sorte de la maison, etc.; »

d'où on pourrait être tenté de conclure que cet article s'applique non-seulement à l'inculpé ou à ses complices présumés, mais même aux simples témoins. Néanmoins, cette interprétation est tellement rigoureuse qu'il est bien difficile de l'admettre. Dans les cas ordinaires, les témoins qui se refusent à comparaître et à être interrogés ne s'exposent qu'à voir décerner contre eux un mandat d'amener et à encourir une amende. Pourquoi en serait-il autrement en cas de flagrant délit? Pourquoi les frapper alors d'une pénalité aussi exorbitante qu'une détention préventive, qui peut être assez prolongée, dans la maison d'arrêt, et un emprisonnement qui peut durer dix jours? Les auteurs, sans examiner à fond la question, ne parlent en général, lorsqu'ils commentent l'art. 34, que de son application à l'inculpé ou à ses complices, et paraissent croire ainsi que cette application est la seule qu'il puisse ou tout au moins qu'il doive raisonnablement recevoir dans la pratique.

**24.** Dans le même cas de flagrant délit, le Code d'instruction criminelle établit encore deux droits d'arrestation spéciaux et très-importants, l'un dans l'art. 16, l'autre dans l'art. 106.

L'art. 16 s'occupe des gardes-champêtres et forestiers : « Ils arrêteront, dit-il, et conduiront devant le juge de paix ou devant le maire tout individu qu'ils auront surpris en flagrant délit ou qui sera dénoncé par la clameur publique, lorsque ce délit emportera la peine de l'emprisonnement ou une peine plus grave, ils se feront donner à cet effet, main-forte par le maire ou par l'adjoint du maire du lieu, qui ne pourra s'y refuser. »

On voit que le droit des gardes champêtres et forestiers au cas de flagrant délit est, d'une part, plus étendu, d'autre part, plus restreint que celui des autres officiers de police judiciaire.

Il est plus étendu en ce que les derniers ne peuvent, du moins d'après l'art. 40 du C. d'instr. crim., procéder à l'arrestation des inculpés, qu'au cas de crime, tandis que ce pouvoir appartient aux gardes-champêtres et forestiers, même au cas de simple délit, quand le fait est de nature à entraîner la peine de l'emprisonnement.

Cette différence s'explique par cette considération que, lorsqu'il s'agit d'un délit rural, les moyens de répression sont moins prompts et l'impunité plus à craindre, surtout si l'identité du prévenu est incertaine.

En revanche, les gardes champêtres et forestiers ne peuvent décerner de mandat d'amener ; ils ne peuvent qu'opérer une arrestation toute provisoire et de précaution. Ils doivent conduire, sans aucun délai, l'individu qu'ils ont surpris en flagrant délit, devant le juge de paix ou le maire, qui examine si le fait imputé au prévenu constitue un simple délit ou un crime. Dans le premier cas, l'officier de police judiciaire doit ordonner la mise en liberté immédiate du prévenu ; dans le second, il peut ordonner son arrestation d'après les pouvoirs qui lui sont attribués en cas de flagrant délit et que nous avons indiqués plus haut.

**25.** L'art. 106 C. instr. crim. est ainsi conçu:
« Tout dépositaire de la force publique, et même
toute personne, sera tenu de saisir le prévenu surpris en flagrant délit, ou poursuivi, soit par la clameur publique, soit dans les cas assimilés au flagrant
délit, et de le conduire devant le procureur impérial, sans qu'il soit besoin de mandat d'amener si le
crime ou délit emporte peine afflictive ou infamante.»

Le droit attribué par l'art. 106 à tout individu a
le même caractère que celui que l'art. **16** attribue
aux gardes-champêtres et forestiers. C'est une mesure toute provisoire et de précaution, qui a pour
but essentiel, outre la satisfaction immédiate donnée à la sécurité publique, d'empêcher la fuite du
délinquant.

La personne qui a opéré l'arrestation doit conduire sans aucun délai l'individu arrêté devant le
procureur impérial ou, à son défaut, devant tout
autre officier de police judiciaire.

L'officier de police judiciaire devant lequel est
conduit l'individu arrêté peut ou le faire mettre en
liberté ou ordonner son arrestation en vertu des pouvoirs qui lui sont conférés au cas de flagrant délit.

**26.** Une différence apparente entre le droit d'arrestation attribué aux gardes-champêtres et forestiers
par l'art. 16 et le droit d'arrestation attribué à toute
personne par l'art. 106, c'est que le premier s'exerce
au cas de crime ou de délit entraînant la peine de
l'emprisonnement, tandis que le second ne s'exerce-
rait, si l'on s'en tenait au sens littéral de l'article,
qu'en cas de crime proprement dit, entraînant une

peine afflictive ou infamante (Voir en ce sens l'art. 250 du Décret du 1er mars 1854). Mais la jurisprudence ne s'en est pas tenue à ce sens littéral. La Cour de Cassation a fait une distinction entre le cas de flagrant délit et les cas assimilés au flagrant délit. Pour le cas de flagrant délit, selon elle, l'article s'exprime d'une manière générale et sa disposition s'étend aussi bien aux délits qu'aux crimes ; c'est seulement aux cas assimilés aux flagrants délits que s'applique la restriction de la fin de l'article et que l'arrestation ne peut avoir lieu que lorsqu'il s'agit d'un crime (Cass., 30 mai 1823 ; v. aussi Riom, 1er mai 1853).

Cette interprétation de l'art. 106 est bien difficile à concilier avec le texte ; elle se justifie surtout par une raison de nécessité. Elle est d'ailleurs inattaquable aujourd'hui : en effet, elle a reçu récemment une consécration puissante, quoique indirecte, de la loi du 20 mai 1863, sur l'instruction des flagrants délits devant les tribunaux correctionnels. Le but essentiel de cette loi n'est sans doute pas de déterminer le mode d'arrestation d'un individu surpris en flagrant délit, mais bien le mode d'opérer et la procédure consécutive à l'arrestation. Cependant, la loi suppose évidemment que l'arrestation a pu avoir lieu sans mandat, lorsqu'elle dit dans son article 1er : « Tout inculpé *arrêté en état de flagrant délit pour un fait puni de peines correctionnelles*, est immédiatement conduit devant le procureur impérial, qui l'interroge, etc. » Quoique les travaux préparatoires de la loi ne donnent aucun éclaircissement positif sur ce point, il est évident que la loi se réfère ainsi, en l'approuvant implicitement, au système de la jurisprudence de la Cour de cassation sur l'interprétation de l'art. 106.

Nous avons vu que le droit d'arrestation conféré aux officiers de police judiciaire en cas de flagrant délit par l'art. 40 est restreint par cet article aux cas de crime. Par suite de l'interprétation donnée par la jurisprudence à l'art. 106, cette restriction n'a plus d'effet pratique que quand il s'agit de cas assimilés au flagrant délit. Quand il s'agit au contraire de flagrant délit proprement dit, les officiers de police judiciaire peuvent aujourd'hui procéder à l'arrestation de l'inculpé, même en cas de simple délit, en s'appuyant non sur l'art. 40, mais sur l'art. 106.

**27.** La question de l'arrestation sans mandat des individus surpris en flagrant délit, lorsque le fait ne peut entraîner que des peines correctionnelles, a donné lieu à de vives discussions.

On ne peut disconvenir que la nécessité qui a motivé la jurisprudence confirmée par la loi de 1863 n'existe réellement dans une certaine mesure et qu'il ne soit à peu près impossible de se prononcer d'une manière absolue contre l'arrestation provisoire sans mandat. Ainsi, je sens, au milieu d'un groupe rassemblé sur la voie publique, la main d'un voleur s'introduire dans ma poche, et je le surprends au moment où il en retire mon porte-monnaie. Le voleur jette le porte-monnaie et s'enfuit. Me refusera-t-on le droit de l'arrêter? Soutiendra-t-on que ce droit n'appartient même pas à un agent de police témoin du fait? Voudra-t-on que l'agent, au lieu de courir après le délinquant, se borne à dresser procès-verbal du vol, et à expédier ce procès-verbal au procureur impérial qui l'expédiera, à son tour, au juge d'instruction, qui décernera un mandat d'amener contre le voleur?...

Cet exemple, auquel il serait facile d'en ajouter bien d'autres, fait voir les inconvénients sérieux que présenterait l'exécution littérale de l'art. 106. Mais on peut dire que la jurisprudence, en corrigeant l'article pour éviter ces inconvénients, en a inauguré d'autres encore plus graves. Aujourd'hui en effet, il suffit qu'un flagrant délit se commette pour que les agents de la police aient le droit d'en arrêter l'auteur, même quand le délit est des plus minimes et consiste, par exemple, dans le fait d'avoir mendié, d'avoir tenu une maison de jeu, d'avoir donné un coup de poing, d'avoir tué un chien ou un chat appartenant à autrui, d'avoir poussé un cri séditieux, alors d'ailleurs que l'inculpé est domicilié et parfaitement connu, et qu'il n'y a aucune raison de craindre qu'il prenne la fuite pour se soustraire à la peine très-modique à laquelle il est exposé.

**28.** Est-il possible de soutenir que le droit sinon d'opérer, au moins de maintenir l'arrestation faite sans mandat cesse aussitôt qu'il est reconnu que l'inculpé a un domicile? Nous le croyons, et malgré le silence de l'art. 106 et de la loi de 1863, il nous semble que la jurisprudence pourrait très-bien se fixer en ce sens. Assurément, il y aurait loin de là au tour de force qu'il lui a fallu faire pour tirer de l'article 106 le droit d'arrestation en matière de simples délits. Elle pourrait s'appuyer sur des distinctions analogues faites à raison du domicile par les articles 40, 91 (ancien) et 113 du Code d'instruction criminelle à propos des mandats décernés par le procureur impérial et par le juge d'instruction ; il serait même facile de tirer de ces articles un argument *à fortiori*, puisque l'intervention du magistrat ou de l'officier de police judiciaire est déjà par elle, même une garantie contre l'arbitraire qui ne se rencontre pas au cas d'arrestations opérées par des agents ordinairement subalternes de la police. Mais nous ne pouvons encore citer aucune décision judiciaire rendue en ce sens.

Ce qui est certain, c'est qu'une réforme de la loi en cette matière est urgente. Si elle avait lieu, nous pensons, avec presque tous ceux qui ont écrit sur l'art. 106, que le droit d'arrestation provisoire devrait pouvoir s'exercer non-seulement en cas de crime, mais encore en cas de simple délit, mais à condition que le fait fût de nature à entraîner la peine de l'emprisonnement et que l'inculpé ne fût pas connu et domicilié. Cette distinction concilierait assurément les exigences de la répression avec le respect dû à la liberté individuelle et mettrait un terme aux arrestations purement vexatoires. Les mêmes règles seraient appliquées, par identité de raisons, aux cas assimilés aux flagrants délits, tandis que dans ces cas, la jurisprudence résultant de l'interprétation donnée par la Cour de cassation à l'art. 106, lequel n'a pas été touché en ce point par la loi de 1863, ne permet l'arrestation qu'en vertu d'un mandat (1).

**29.** Les arrestations ayant pour but d'assurer l'exécution des décisions judiciaires sont opérées sur l'ordre de l'administration, représentée, suivant les cas et selon des règlements spéciaux et quelque peu variables, par le Ministre, les préfets et les fonctionnaires préposés à la direction des prisons et des maisons de détention pour dettes.

L'ordre est exécuté et l'arrestation effectuée par les agents de la gendarmerie, de la police et de la force publique, porteurs de l'ordre d'arrestation.

Il en est de même de l'arrestation des individus placés sous la surveillance de la haute police et qui sont reconnus coupables de rupture de ban ou de ceux qui sont reconnus coupables d'avoir fait partie d'une société secrète ; de l'arrestation des étrangers que le gouvernement fait reconduire à la frontière par mesure de police ; de celle qui pourrait avoir lieu à l'égard des membres des anciennes familles royales ; et de celle des fous, tant furieux que non furieux, lorsqu'il faut employer la contrainte ma-

---

(1) C'est par une erreur évidente que le Ministre de l'intérieur (M. Delangle), dans une circulaire adressée aux commissaires de police, le 21 juillet 1858, leur enseigne qu'ils peuvent arrêter les inculpés, dans certains des cas assimilés au flagrant délit, qu'il appelle à tort des cas de flagrant délit. « Le flagrant délit, dit la circulaire, est le délit ou le crime qui se commet actuellement ou qui vient de se commettre. *Il y a aussi flagrant délit* quand un homme est poursuivi par la clameur publique (qu'il ne faut pas confondre avec la notoriété), ou que, dans un temps voisin du délit, il est trouvé saisi d'effets, armes, instruments ou papiers, faisant présumer qu'il est auteur ou complice. *Dans ces cas,* le coupable peut être arrêté par l'officier de police judiciaire. »

térielle pour les conduire dans l'établissement où ils doivent être traités.

**30.** En ce qui concerne les fous furieux, l'administration ne peut les faire enfermer dans un intérêt général ou dans leur intérêt particulier qu'autant que leur famille refuse de les garder, ou, si elle les garde, autant qu'elle manque à leur fournir les soins que réclame leur état ou à exercer à leur égard une surveillance suffisante pour prévenir tout danger public. **Leur arrestation a lieu par ordre du préfet de police, à Paris, et des préfets, dans les départements** (Loi du 30 juin 1838, art. 18).

En ce qui concerne les fous non furieux, l'administration ne peut les faire enfermer que dans leur intérêt et autant que leurs parents ou, à défaut de parents, les personnes en relation avec eux, sollicitent cette mesure, et que personne ne veut ou ne peut les garder et leur fournir les soins que réclame leur état (Loi du 30 juin 1838, art. 8).

**31.** Les autres arrestations par mesure de police peuvent être opérées par tous les agents de la gendarmerie ou de la police, en se conformant aux règlements généraux et locaux de police auxquels ils sont soumis.

Elles peuvent l'être encore, dans le cas où il y aurait danger sérieux et imminent pour les personnes ou pour les propriétés, par tout individu, à la charge d'en référer immédiatement à l'officier ou agent de police le plus proche. (Argument tiré de l'art. 16 C. instr. crim. et de la Loi du 20 mars 1863, art. 1er).

# CHAPITRE III

## De quelles formalités doit être accompagnée une arrestation.

**32.** Occupons-nous d'abord des arrestations opérées en vertu d'un mandat du juge d'instruction ou d'un officier de police judiciaire.

Tout mandat doit contenir :

1º Le nom et la qualité du magistrat qui l'a délivré ;

2º La date du jour où il a été délivré (argument tiré des art. 100 et 637 C. instr. crim,);

3º La désignation, aussi exacte que possible, du prévenu (art. 95 C. instr. crim.);

4º La signature et le sceau du magistrat qui l'a délivré (art. 95 C. instr. crim.);

5º La réquisition adressée aux agents de la force publique d'aider à mettre le mandat à exécution (art. 99 et 108 C. instr. crim.).

De plus, le mandat d'arrêt doit contenir l'indicatrois formalités spécialement exigées pour
ité : les conclusions du ministère public,
fi    ion du délit imputé à l'inculpé et le rente    de loi qui le punit (art.94 et 96 C. instr.

l      dat doit être notifié à l'inculpé au mode    n arrestation et il doit lui en être laissé
. 97 C. instr. crim.).

Comme sanction de l'accomplissement de ces

sceau, la date du mandat et la réquisition adressée à la force publique sont généralement considérés comme formalités non substantielles.

Une dernière formalité non substantielle et ne pouvant dès lors engager que la responsabilité hiérarchique du magistrat, sans entraîner la nullité du mandat, consiste dans la prescription imposée à l'officier de police judiciaire qui décerne un mandat dans le cas de flagrant délit, de dresser un procès-verbal en la présence, et avec la signature s'il est possible, du commissaire de police de la commune où le délit aura été commis, ou, à son défaut, du maire, d'un adjoint ou de deux citoyens domiciliés dans la même commune (art. 42 C. instr. crim.).

**37.** Les arrestations opérées par suite des ordonnances de prise de corps décernées par la chambre des mises en accusation, ou sur mandats ou ordres de l'autorité administrative, à l'égard des condamnés, des individus reconnus coupables de rupture de ban, alors qu'ils étaient placés sous la surveillance de la haute police, des individus reconnus coupables d'avoir fait partie d'une société secrète, des personnes atteintes d'aliénation mentale, des étrangers et des membres des anciennes familles royales, sont soumises aux mêmes règles que les arrestations opérées sur mandat émanant de l'autorité judiciaire, sauf l'amende prononcée dans ce dernier cas contre le greffier, laquelle n'est pas édictée contre le rédacteur d'une ordonnance de prise de corps ou d'un mandat administatif irréguliers.

**38**. Les mandats judiciaires et ordonnances de prise de corps sont exécutoires par toute l'étendue du territoire français (art. 98 C. instr. crim.). Les mandats ou ordres émanés des autorités administratives n'ont d'effet que dans la circonscription où s'exerce le pouvoir du fonctionnaire qui a délivré l'ordre ou le mandat.

**39**. En cas de flagrant délit ou cas assimilés au flagrant délit, lorsque l'arrestation est opérée par les gardes-champêtres et forestiers sans mandat, ou par les agents de la force publique ou même par les simples particuliers, également sans mandat, la seule formalité à remplir consiste à conduire immédiatement l'inculpé, dans le premier cas, devant le juge de paix ou le maire (art. 16 C. instr. crim.), dans le second, devant le procureur impérial (Loi du 20 mai 1863, art. 1er), ou, à leur défaut, devant l'officier de police le plus voisin, et à rendre compte des conditions dans lesquelles s'est opérée l'arrestation, dont il doit être dressé sur le champ procès-verbal.

En cas d'arrestation par mesure de police, lorsqu'il y a danger pour les personnes ou les propriétés, la seule formalité à remplir consiste également à conduire l'inculpé devant l'officier de police le plus voisin et à lui rendre compte des conditions de l'arrestation, dont il doit être dressé sur le champ procès-verbal.

**40**. Lorsque l'arrestation, motivée seulement par un trouble apporté au bon ordre matériel, ne peut être opérée que par des agents de la force publique, ceux-ci n'ont d'autre formalité à remplir que de faire reconnaître leur qualité, soit au moyen de leurs uniformes ou insignes, soit de toute autre manière, et de conduire l'inculpé devant l'officier de police le plus voisin, en lui rendant compte de l'arrestation et en en faisant dresser procès-verbal.

**41.** Les arrestations peuvent s'opérer en tout temps et en tous lieux, sauf certaines limitations qui dérivent des règles sur l'inviolabilité du domicile des citoyens ; il y a sur ce point plusieurs distinctions à observer.

L'inviolabilité du domicile ne s'oppose pas aux arrestations opérées dans une maison particulière du consentement du chef de cette maison (Décret du 1er mars 1854, art. 292).

Elle ne s'oppose pas non plus aux arrestations opérées par mesure de police, lorsqu'il y a danger évident pour les personnes ou pour les propriétés. Par exemple, si un fou furieux, placé à la fenêtre d'une maison particulière, lance des projectiles sur les passants, ou essaie d'incendier les maisons voisines, il est permis, pour l'arrêter, de pénétrer dans la maison où il se tient, et cette arrestation peut avoir lieu même de nuit, et malgré l'opposition du chef de la maison.

On admet généralement qu'il en est de même pour l'arrestation de tout individu surpris en état de flagrant délit (argument tiré des art. 36 et 37 C.

instr. crim.), au moins quand l'arrestation a lieu pendant le jour (Colmar, 25 mars 1840).

**42.** Il y a également exception aux principes de l'inviolabilité du domicile dans le cas d'arrestation opérée pendant le jour en vertu d'un mandat de perquisition spécial émané des mêmes fonctionnaires qui sont compétents pour décerner des ordres et mandats d'arrestation ou, à leur défaut, du juge de paix, des commissaires de police, du maire ou de ses adjoints (Loi du 28 germinal an VI, art. 131 ; Constitution du 22 frimaire an VIII, art. 76 ; Ord. du 29 octobre 1820, art. 184). L'agent porteur du mandat de perquisition et du mandat d'arrestation peut donc exécuter ce dernier, même en pénétrant dans une maison particulière, sans l'assistance du juge de paix ou d'un officier municipal, et malgré l'opposition du chef de la maison (Cass., 12 juin 1834).

En l'absence d'un mandat de perquisition, les agents porteurs d'un mandat d'arrestation peuvent seulement investir la maison où ils supposent que le prévenu s'est réfugié, et l'arrêter, s'il essaie de s'enfuir (Loi du 28 germinal an VI, art. 131; Décret du 1er mars 1854, art. 293).

**43.** Pendant la nuit et sauf le cas de flagrant délit, nul n'a le droit d'entrer dans une maison particulière pour y opérer une arrestation, même en vertu d'un mandat de perquisition régulier, sans le consentement du chef de la maison (Loi du 28 germinal an VI, art. 31 ; Constitution du 22 frimaire an VIII, art. 76 ; Décret du 1er mars 1854, art. 291, § 2).

formalités, l'art. 112 du Code d'instr. crim. soumet le greffier, au cas où elles n'auraient pas été observées, à une amende de 50 fr., et consacre en principe la responsabilité du juge d'instruction ou officier de police judiciaire duquel émane le mandat irrégulier.

**34.** La sanction de l'irrégularité des mandats édictée par l'article 112 est-elle la seule et les mandats irréguliers n'en sont-ils pas moins valables et de nature à amener une arrestation régulière?

La plupart des criminalistes, à l'opinion desquels nous nous rallions, et la jurisprudence même de la Cour de cassation, bien qu'un peu incertaine (V. Rejet, 5 septembre 1817, et, en sens contraire, Rejet, 31 janvier 1834), répondent à cette question par la distinction suivante : Le mandat est radicalement nul et ne saurait justifier une arrestation si l'irrégularité dont il est entaché porte sur un de ses éléments essentiels ; au contraire, le mandat entaché d'une irrégularité légère et sans conséquence, sera valable et devra être exécuté, sauf l'amende encourue par le greffier et la responsabilité hiérarchique, ou même civile, suivant les cas, du magistrat qui l'a délivré.

**35.** Parmi les conditions substantielles entraînant la nullité radicale du mandat, se placent en première ligne la compétence du magistrat qui délivre le mandat (Cass., 5 mai 1832) et par suite l'indication de la qualité de ce magistrat, sa signature ; la désignation de l'inculpé, non par ses nom, prénoms et qualités, s'ils sont inconnus, mais de manière cepen-

dant à faire ressortir autant que possible son identité
(Cass., 29 novembre 1833).

Les auteurs rangent aussi parmi les formalités
substantielles à l'exécution d'un mandat la notification de ce mandat et la délivrance d'une copie à
l'inculpé au moment de l'arrestation (V. dans le
même sens Décret du 1er mars 1854, art. 292). Mais la
Cour de cassation ne regarde pas comme entraînant
la nullité du mandat l'inobservation de cette formalité
et tient pour valable l'exécution qui lui est donnée,
indépendamment de toute notification ou même
exhibition à l'inculpé (Rejet, 31 janvier 1834), surtout quand la notification, n'ayant pu tout d'abord
être faite à l'inculpé lui-même, a été faite à son
domicile (Rejet, 15 mars 1867).

On admet aussi généralement, et avec raison selon
nous, que la mention des trois conditions spécialement exigées par la loi pour la régularité des mandats
d'arrêt, est au nombre des formalités qui leur sont
substantielles. Cependant, certains jurisconsultes
considèrent cette absence de mentions comme une
irrégularité non substantielle qui ne fait obstacle ni
à la validité ni à l'exécution du mandat. La Cour
de cassation, sans se ranger en principe à cette dernière opinion, a admis que l'indication, dans un
mandat d'arrêt, de la loi qui punit le délit imputé
au prévenu, sans que ce délit lui-même soit men-
tionné et caractérisé d'une manière distincte,
suffit pour la validité du mandat (Rej., 5 septembre
1817).

**36.** Le nom du magistrat, l'apposition de son

Le temps de nuit est ainsi réglé : du 1ᵉʳ octobre au 31 mars, de 6 h. du soir à 6 h. du matin ; du 1ᵉʳ avril au 30 septembre, de 9 h. du soir à 4 h. du matin (Décret de 1854, art. 291, § 2).

Ne sont pas considérés comme maisons particulières les lieux ouverts au public en général, tels que hôtels, auberges, cafés, cabarets, boutiques (Loi du 19 juillet 1792, tit. 1, art. 9 et 10 ; Ord. du 29 oct. 1820, art. 182 ; Décret du 1ᵉʳ mars 1854, art. 255). En conséquence, une arrestation peut y être opérée tant qu'ils restent ouverts et à quelque moment que ce soit.

**44.** Par suite d'une prescription spéciale à la contrainte par corps, le débiteur soumis à cette contrainte ne peut être arrêté 1° avant le lever et après le coucher du soleil ; 2° les jours de fête légale ; 3° dans les édifices consacrés au culte, pendant les exercices religieux seulement ; 4° dans le lieu et pendant la tenue des séances des autorités constituées ; 5° dans une maison quelconque, même dans son domicile, à moins qu'il n'ait été ainsi ordonné par le juge de paix du lieu, qui devra assister dans ce cas à l'arrestation ou déléguer un commissaire de police pour y assister (art 781 C. proc. civ.).

**45.** Aux formalités que nous venons d'indiquer, et qui sont générales, il en faut joindre d'autres, spéciales à certains cas, qui ont été établies par la Loi comme un supplément de garantie nécessaire dans ces cas.

Nous ne parlerons ici avec quelques détails que

d'un seul de ces cas exceptionnels, le plus fréquent de tous, celui d'attroupement. L'attroupement est un délit, mais souvent si difficile à distinguer du fait licite de rassemblement, que l'on ne concevrait pas que le législateur n'eût pas pris quelques mesures propres à avertir les citoyens du danger auquel ils sont exposés : ces mesures constituent les formalités spéciales dont l'accomplissement peut seul rendre une arrestation régulière.

Cette matière, régie successivement par la loi du 21 novembre 1789 (dite loi martiale), par le décret du 3 août 1791, par la loi du 10 avril 1831, l'est aujourd'hui par la loi du 7 juin 1848. Aux termes de l'art. 3 de cette loi, l'attroupement ne peut être dispersé par la force — et conséquemment ceux qui le composent ne peuvent être arrêtés sans mandat—que : si l'attroupement est armé, après deux sommations de se dissoudre faites par « le maire ou l'un de ses adjoints, à leur défaut par le commissaire de police ou tout autre agent ou dépositaire de la force publique et du pouvoir exécutif, portant l'écharpe tricolore, » lesdites sommations précédées de roulements de tambour ; si l'attroupement n'est pas armé, après une exhortation et trois sommations faites de même, et également précédées de roulements de tambour.

Les arrestations pour délits accessoires qui pourraient être commis à l'occasion de l'attroupement, tels que voies de fait ou injures aux agents de l'autorité, ne sont pas subordonnées à ces formalités spéciales.

**45** *bis*. On trouve, dans les règlements et instructions adressées aux gendarmes, douaniers, gardes-forestiers, commissaires et agents de police, et autres représentants de la force publique, un grand nombre de prescriptions, qui leur sont imposées relativement aux arrestations qu'ils peuvent avoir à opérer. Nous nous bornerons, sur ce point, à une observation générale.

La plupart du temps, les prescriptions dont il s'agit sont conformes aux textes législatifs sur les arrestations et font double emploi avec ces textes.

Parfois, elles admettent ou même commandent certaines arrestations en dehors des règles établies par la loi. Elles se trouvent ainsi en contradiction avec la loi et n'ont par suite aucune valeur, puisque pour abroger une loi il faut une autre loi, à laquelle ne peuvent suppléer ni une circulaire ministérielle, ni un règlement, ni même un décret du chef de l'Etat.

Il arrive enfin qu'elles imposent aux agents certaines règles et précautions additionnelles aux garanties résultant de la loi. L'inobservation de ces règles additionnelles peut évidemment entraîner contre l'agent qui les méconnaît, une peine disciplinaire hiérarchique; mais elle ne saurait, selon toute apparence, être invoquée comme cause de nullité de l'arrestation ou d'une réparation à obtenir.

# CHAPITRE IV

## Quels sont, suivant les cas, le caractère et la durée de la détention qui suit l'arrestation.

**46**. Pour savoir quels sont le caractère et la durée de la détention qui suit une arrestation, il faut se reporter avant tout à la cause de cette arrestation.

Lorsque l'arrestation a lieu en vertu d'un mandat d'amener, l'inculpé doit être conduit devant le juge d'instruction. Sa détention ne peut durer plus de vingt-quatre heures à partir du moment où il a été mis à la disposition de ce magistrat. Dans le cours de ce délai, et aussitôt que possible, il doit être interrogé ; après quoi le juge d'instruction, suivant les cas, le fait mettre en liberté ou décerne contre lui un mandat de dépôt ou d'arrêt (art. 93 et 94 C. instr. crim.).

**47**. Lorsque l'inculpé n'est pas interrogé dans les vingt-quatre heures, il peut réclamer sa mise en liberté (Cass., rej., 4 avril 1840). Mais, dans l'usage, on a peu égard à cette réclamation, et quand le juge d'instruction n'a pas interrogé l'inculpé dans les vingt-quatre heures, on le garde néanmoins sous les verroux jusqu'à ce que l'interrogatoire ait eu lieu. Comme la mise en liberté ne peut être prononcée que par la justice, on comprend que l'interrogatoire aura presque toujours eu lieu avant que la mise en liberté n'ait été prononcée et que, dès lors, la réclamation de l'inculpé ne pourra aboutir à un résultat utile.

Aura-t-il alors tout au moins une action civile en dommages-intérêts contre le magistrat auquel le retard de l'interrogatoire peut être imputé ? Le principe de cette action ne nous paraît pas contestable ; mais la plupart du temps, le magistrat pourra se défendre en faisant valoir l'impossibilité matérielle où il se sera trouvé d'exécuter la loi. A Paris, cette impossibilité est certaine, à raison du grand nombre des inculpés. C'est en partie pour prévenir ou pour diminuer cet inconvénient que la loi du 20 mai 1863 sur l'instruction sommaire des flagrants délits, a été proposée (Exposé des motifs, 4e alinéa). Mais le résultat n'a été atteint que très-incomplétement. Il est évident qu'il n'y a d'autre moyen de remédier à cette situation, que de multiplier dans les grandes villes le nombre des juges d'instruction ; ce qui pourrait du reste avoir lieu sans aucune augmentation des charges budgétaires, si l'on supprimait, comme on l'a déjà souvent proposé, un certain nombre de Cours et de Tribunaux dont l'administration de la justice n'exige pas le maintien.

**48**. Lorsque l'inculpé n'a été trouvé que plus de deux jours après la délivrance du mandat d'amener et hors de l'arrondissement du juge d'instruction qui l'a délivré, la détention pourrait se prolonger pendant un temps assez long, s'il fallait nécessairement que l'inculpé fût conduit devant le juge d'instruction signataire du mandat, pour être interrogé par lui.

Pour diminuer cet inconvénient, la loi dispose que dans ce cas, l'inculpé peut, sur sa demande et avec l'assentiment du procureur impérial de l'arrondissement où il a été trouvé, rester dans cet arrondisssement. Le procureur impérial décerne alors contre lui un mandat de dépôt spécial à ce cas, en vertu duquel il est conduit et retenu provisoirement dans une maison d'arrêt (art. 100 C. instr. crim.).

Dans les vingt-quatre heures de l'exécution du mandat de dépôt, le procureur impérial fait envoyer les pièces et procès-verbaux de l'arrestation au juge d'instruction duquel émanait le mandat d'amener (art. 101 et 102); et ce juge d'instruction délègue la poursuite de l'affaire au juge d'instruction dans l'arrondissement duquel l'inculpé est détenu.

**49.** Dans le cas de flagrant délit, et lorsque le mandat a été décerné par un officier de police judiciaire autre que le juge d'instruction, la détention de l'inculpé se prolonge jusqu'à ce que le juge d'instruction, auquel les procès-verbaux et autres documents de la cause sont transmis sans délai, ait pris l'affaire en main et statué, après avoir interrogé l'inculpé, sur la mise en liberté ou la continuation de la détention provisoire (art. 45 C. instr. crim.). Cet interrogatoire doit naturellement avoir lieu dans le plus bref délai possible.

**50.** Dans tous les cas où l'inculpé, arrêté en vertu d'un mandat d'amener, n'est pas interrogé de suite, il doit être détenu, non pas dans une maison d'arrêt, et encore moins dans une prison proprement dite, mais bien dans un endroit spécial non destiné aux détenus, soit préventivement, soit définitivement. Le mieux est d'approprier dans ce but, une des pièces du Palais de Justice, et c'est ce qui a lieu généralement.

**51.** Dans le cas où l'arrestation est faite en vertu d'un mandat de dépôt ou d'arrêt, le prévenu est conduit et gardé dans la maison d'arrêt établie près de chaque tribunal correctionnel (art. 107, 110 et 111 C. instr. crim.). Cette maison d'arrêt n'est pas une prison ; elle ne devrait recevoir que des accusés et non des condamnés. Malheureusement dans un grand nombre de chefs-lieux de tribunaux, il n'existe qu'une seule maison de détention, remplissant l'une et l'autre destination, et renfermant parfois tous les détenus, à quelque catégorie qu'ils appartiennent. Cet inconvénient n'est pas écarté par la séparation, le plus souvent insuffisante et illusoire, qu'on essaie d'établir dans quelques-unes de ces maisons entre les diverses catégories de détenus. C'est là un des points qui exigent impérieusement une réforme sérieuse et efficace.

**52.** La détention qui suit l'arrestation opérée en vertu d'un mandat de dépôt ou d'arrêt, ne peut, si le prévenu est domicilié, si le délit qui lui est imputé n'entraîne qu'un emprisonnement de deux ans au plus, et s'il n'a pas déjà été condamné pour un crime ou condamné pour un délit à un emprisonnement de plus d'une année, durer que cinq jours au plus (art. 114 C. instr. crim.). C'est là une des innovations les plus louables de la Loi du 14 juillet 1865, sur la liberté provisoire.

Dans tous les autres cas la détention peut durer jusqu'au jugement à rendre sur l'inculpation ; mais le juge d'instruction peut toujours donner, sur les conclusions conformes du procureur impérial, la mainlevée du mandat de dépôt ou d'arrêt qu'il a décerné et mettre le prévenu en liberté provisoire (art. 94 et 113 C. instr. crim.), avec ou sans caution (art. 114 C. instr. crim.).

**53.** « La mise en liberté, dit l'art. 115, aura lieu sans préjudice du droit que conserve le juge d'instruction, dans la suite de l'information, de décerner un nouveau mandat d'amener, d'arrêt ou de dépôt, si des circonstances nouvelles et graves rendent cette mesure nécessaire. »

Le juge d'instruction peut encore décerner un nouveau mandat de dépôt ou d'arrêt contre le prévenu qui, régulièrement cité devant lui, ne comparaît pas (art. 125 C. instr. crim.).

**54.** Les mandats décernés et les ordonnances de mise en liberté provisoire rendues par le juge d'instruction ne peuvent être attaqués par voie d'opposition. Ils peuvent l'être par voie d'appel. La juridiction compétente pour connaître de l'appel est la Cour impériale, chambre des mises en accusation (Cass., 4 août 1820).

Quand la liberté provisoire est accordée par la chambre des mises en accusation, réformant l'ordonnance contraire du juge d'instruction, le juge d'instruction ne peut décerner un nouveau mandat qu'autant que la Cour, sur les réquisitions du ministère public, retire à l'inculpé le bénéfice de sa décision (art 115 C. instr. crim.).

**55.** Une fois le renvoi du prévenu devant la juridiction compétente prononcé par le juge d'instruction, ce magistrat perd le droit d'ordonner l'arrestation ou la mise en liberté provisoire; ce droit est transféré à la juridiction devant laquelle le prévenu est renvoyé, c'est-à-dire, suivant les cas, à la chambre des mises en accusation, depuis l'ordonnance du juge d'instruction jusqu'à l'arrêt de renvoi et l'ordonnance de prise de corps qui l'accompagne; au tribunal correctionnel, ou à la Cour impériale, chambre des appels de police correctionnelle, si appel a été interjeté du jugement sur le fond (art. 116 et suiv., et 125 C. instr. crim.).

En cas d'acquittement prononcé par une juridiction en premier ressort, l'inculpé détenu est immédiatement, et nonobstant appel, mis en liberté provisoire (art. 206 C. instr. crim.).

L'opposition et l'appel sont recevables · contre les décisions rendues par les cours et tribunaux sur les demandes en liberté provisoire.

**56.** Le pourvoi en cassation des condamnés, même en matière correctionnelle ou de police, à une peine emportant privation de liberté, n'est recevable qu'autant qu'ils se sont constitués prisonniers ou qu'ils ont obtenu leur mise en liberté provisoire (art. 421 C. instr. crim.).

D'après la jurisprudence de la Cour de cassation, cette mise en liberté provisoire doit être accordée après la condamnation par le juge même qui l'a prononcée ; il ne suffit pas de la mise en liberté obtenue dans le cours de l'instruction.

On pourrait se demander si cette rigueur d'interprétation ne devrait pas disparaître depuis que la Loi du 14 juillet 1865 a considérablement élargi les dispositions concernant la liberté provisoire. Mais la question ne paraît pas avoir encore été résolue.

La Cour est, du reste, entrée dans cette voie d'adoucissement à propos d'une autre question. L'art. 421 exigeait que la mise en liberté fût accordée « *sous* caution. » Un arrêt du 27 juillet 1867 a admis que, depuis la Loi de 1865, elle pouvait l'être *sans* caution, cette modification de l'art. 421 résultant implicitement de la loi nouvelle.

**57.** Lorsque l'arrestation a eu lieu par suite de flagrant délit et sans mandat, en vertu des art. 16 et 106 C. instr. crim., l'inculpé doit être conduit sans aucun délai devant l'officier de police judiciaire chargé de procéder à son interrogatoire. Si les circonstances exigeaient pendant la conduite du prévenu, ou avant que cet interrogatoire ait pu avoir lieu, un temps d'arrêt plus ou moins long, l'inculpé devrait être détenu dans un local qui ne fût ni une prison, ni même une maison d'arrêt, puisqu'il n'est pas encore détenu préventivement, et qu'il n'y a même pas de mandat d'amener décerné contre lui. Il doit être déposé et gardé, soit dans une maison particulière, soit, comme le prescrit le décret du 1er mars 1854, art. 618, dans une des salles de la mairie, où il est gardé à vue, ou dans la chambre de sûreté de la caserne de la gendarmerie, soit dans le local affecté aux prévenus qui sont sous le coup d'un mandat d'amener et attendent que le juge d'instruction les interroge. Il arrive souvent, malheureusement, que ces dispositions ne sont pas observées, dans la pratique, et que les prévenus, arrêtés en état de flagrant délit, sont conduits et gardés dans la maison d'arrêt, jusqu'à ce que l'officier de police judiciaire, chargé de les interroger, ait le temps de s'occuper d'eux et de procéder à leur interrogatoire.

C'est cet interrogatoire qui marque la fin de la détention toute provisoire et de précaution des prévenus arrêtés en état de flagrant délit. Il doit naturellement avoir lieu dans le plus bref délai possible.

**58.** Les individus arrêtés en vertu de condamnations prononcées contre eux doivent être conduits et détenus jusqu'à ce que le temps de leur condamnation ait été accompli, dans les prisons destinées à les recevoir.

Dans les cas où la peine est celle du bannissement, le détenu doit être conduit sans délai à la frontière la plus voisine. Pendant les moments d'arrêt et de repos nécessaires, il doit être gardé, non dans une prison, ni dans une maison d'arrêt, ce qui serait aggraver sa peine et méconnaître son caractère de condamné politique, mais dans un local spécial, soit dans le local où sont détenus les condamnés politiques, s'il en existe un, soit dans le local affecté aux détenus en vertu d'un mandat d'amener, soit dans une des salles de la mairie ou dans la chambre de sûreté de la caserne de gendarmerie, soit enfin dans une maison particulière.

Ces dernières règles s'appliquent également aux étrangers que le gouvernement fait conduire à la frontière par mesure de police, ainsi qu'aux membres des anciennes familles royales.

**59.** Les individus arrêtés par mesure de police, comme troublant l'ordre matériel et la tranquillité publique, doivent être relâchés aussitôt que leur mise en liberté ne compromet plus les intérêts que leur arrestation avait pour but de sauvegarder. S'il y a lieu de les détenir, il faut, autant que possible, les conduire et les garder dans leur propre maison, sinon dans un local spécial ou dans une maison particulière. Jamais ils ne devraient être, comme ils le sont trop souvent dans la pratique, détenus dans une prison proprement dite ou même dans une maison d'arrêt.

**60.** Les fous furieux et non furieux arrêtés sur la demande de leur famille ou des personnes qui sont en relations avec eux ou par mesure de police, sont renfermés, gardés et traités dans un établissement public ou privé d'aliénés.

La loi du 30 juin 1838 indique les mesures à prendre pour que les aliénés reçoivent les soins qui leur sont nécessaires. L'art. 12 spécialement, prescrit de tenir dans chaque établissement un registre sur lequel seront consignés tous les renseignements concernant l'aliéné, y compris l'indication, au moins mensuelle, faite par le médecin, des changements survenus dans l'état mental de chaque malade. L'art. 13 ajoute que toute personne placée dans un établissement d'aliénés cessera d'y être retenue aussitôt que les médecins de l'établissement auront déclaré, sur le registre énoncé en l'art. 12, que la guérison est obtenue.

**61.** En dehors du cas de guérison, l'individu placé dans un établissement d'aliénés en peut être retiré lorsque sa sortie est requise par son curateur ou son conjoint; à leur défaut, par ses ascendants; à défaut d'ascendants, par ses descendants, puis par la personne qui a signé la demande d'admission, à moins qu'un parent n'ait déclaré s'opposer à ce qu'il use de cette faculté sans l'assentiment du conseil de famille; enfin, par toute personne, à ce autorisée par le conseil de famille (Loi du 30 juin 1838, art. 4).

S'il résulte d'une opposition notifiée au chef d'un établissement par un ayant droit, qu'il y a dissentiment entre les ascendants ou les descendan[ts], le conseil de famille est appelé à trancher la d[ifficulté] (même art.).

**62.** La mise en liberté réclamée comm[e vient] d'être expliqué ne peut être refusée si elle [concer]un fou non furieux. Elle ne peut l'être si [ell]e [con]cerne un fou furieux, que dans les cas suiva[nts] :

Lorsqu'un fou furieux a été admis dans u[n] éta[b]blissement d'aliénés, le Préfet peut, soit lors de s[on] entrée, soit au cours de son séjour dans cet établissement, décerner un ordre spécial à l'effet d'empêcher qu'il ne sorte de l'établissement où il a été placé (Loi du 30 juin 1838, art. 21).

Même en l'absence d'un pareil ordre, si le médecin de l'établissement est d'avis que l'état mental du malade pourrait compromettre l'ordre public et la sûreté des personnes, il en est donné préalablement avis au maire, qui peut ordonner immédiatement, et à la charge d'en référer au préfet dans les vingt-quatre heures, que la mise en liberté soit suspendue. L'ordre du maire n'a d'effet que durant quinze jours; après quoi, si le Préfet n'a pas donné d'ordres contraires, le détenu est mis en liberté.

**63.** Enfin, toute personne placée ou retenue dans un établissement d'aliénés, son tuteur, si elle est mineure, son curateur, tout parent ou ami, la personne qui aura demandé le placement, et le procureur impérial, peuvent, à quelque époque que ce soit, se pourvoir devant le tribunal du lieu de la situation de l'établissement, qui, après les vérifications nécessaires, ordonne, s'il y a lieu, la sortie immédiate du détenu. En cas d'interdiction toutefois, la demande ne peut être formée que par le tuteur de l'interdit. Le jugement est rendu sans motifs et sans délai, dans la chambre du Conseil (Loi du 30 juin 1838, art. 29).

On admet que la décision du tribunal ordonnant la mise en liberté du détenu doit être exécutée nonobstant tout ordre contraire de l'autorité administrative. Mais il faut reconnaître à l'administration, s'il se produisait de nouveaux faits compromettants pour le bon ordre ou la sûreté publique, et que la détention du fou pût seule y mettre un terme, le droit de le faire enfermer de nouveau.

# CHAPITRE V

## Sanction des prescriptions légales exposées dans les chapitres précédents. — Voies de recours et Réparations.

**64.** Les diverses règles que nous avons exposées et dont l'observation est nécessaire pour qu'une arrestation soit légale, ont pour sanction :

La résistance, dans une certaine mesure ;

La plainte à l'autorité supérieure et le châtiment que celle-ci peut et doit imposer à ses agents lorsqu'ils sont en faute ;

L'action civile du particulier lésé par une arrestation illégale contre les auteurs du dommage éprouvé par lui ;

L'action pénale exercée, suivant les cas et sous certaines distinctions, par le ministère public ou par le particulier lésé.

§

**65.** La résistance peut être passive ou active.

La résistance purement passive constitue, dans tous les cas d'arrestation illégale, un droit, et quelquefois un devoir, pour l'individu qu'on veut arrêter. Elle ne l'expose à aucune espèce de peine (Cass., rej., 2 juillet 1835).

Le droit de résister par la force est reconnu dans certains cas, contesté dans d'autres ; dans tous, il a ses limites, et s'exerce suivant des distinctions qu'il importe d'exposer.

**66.** Lorsque l'arrestation ou la tentative d'arrestation émane d'un simple particulier, la légitimité de la résistance est généralement admise. L'arrestation, si elle est opérée, constitue l'une des infractions punies par les art. 341 à 344 du C. pénal. Il est non seulement du droit, mais du devoir de ceux contre qui le délit est dirigé, de repousser même par la force les auteurs de la tentative, quoique cette tentative, non suivie d'effet, ne tombe pas sous le coup de la loi pénale.

Le fait que les particuliers seraient revêtus de costumes ou d'insignes de nature à les faire passer pour fonctionnaires ou agents de la force publique, ne changerait rien au droit. Il aggraverait seulement l'infraction commise par les coupables (Art. 344 C. pénal). Il en est de même, à plus forte raison, de la circonstance de l'exhibition d'un faux ordre de l'autorité ou de l'usurpation d'une fausse qualité (même art. 344).

Nous pensons, avec la plupart des auteurs, qu'il faut assimiler aux cas dont nous venons de parler celui où l'arrestation ou la tentative d'arrestation émane bien d'un agent de l'autorité, mais agissant hors de l'exercice de ses fonctions et non revêtu de costumes ou d'insignes pouvant faire reconnaître sa qualité. Des difficultés s'élèvent, comme nous le verrons plus loin, dans les cas où l'on rencontre les deux ou l'une des deux circonstances que nous venons d'indiquer ; mais ces difficultés n'existent pas lorsque ces circonstances font défaut. L'agent dont rien, d'une part, n'indique extérieurement le caractère et qui, d'autre part, n'accomplit pas un acte de sa fonction, n'agit pas comme agent de l'autorité, mais comme simple particulier, et il ne saurait invoquer aucun privilége fondé sur sa qualité d'agent.

**67.** Même dans le cas dont nous venons de parler et où le droit de résistance active existe, ce droit a des limites qu'il trouve dans les principes généraux de la morale et de la législation.

Ainsi, l'emploi de la force n'est légitime que quand tout autre moyen est évidemment inefficace pour repousser l'agression. Même alors, l'emploi de la force doit être mesuré â la gravité de l'attaque. La violence seule autorise la violence, et encore n'autorise-t-elle qu'une violence analogue. Nous n'hésitons pas à dire qu'il faudrait que la victime d'un attentat à la liberté individuelle pût se croire menacée jusque dans sa vie pour qu'elle fût excusable de l'avoir enlevée ou d'avoir tenté de l'enlever à son adversaire. Une loi particulière pourrait seule faire disparaitre la responsabilité d'un pareil acte commis dans un intérêt personnel; et, quoi qu'on puisse dire en faveur d'une telle loi, nous ne pouvons regretter l'absence, dans nos Codes, de cette garantie quelque peu sauvage de la liberté individuelle. Au surplus, il ne faut pas envisager seulement les cas extrêmes : la résistance par la force peut encore être une barrière contre l'illégalité et une garantie sérieuse de la liberté sans être poussée jusqu'à donner intentionnellement la mort aux auteurs de l'attentat.

Ce que nous venons de dire s'applique à tous les cas que nous allons examiner et où le droit à la résistance est plus ou moins contesté. Dans tous les cas, si la résistance est permise, elle l'est uniquement dans la mesure qui vient d'être indiquée.

**68.** Nous supposons maintenant que l'acte attentatoire à la liberté est accompli par un agent du gouvernement ou de la force publique agissant dans l'exercice de ses fonctions et revêtu ou non d'un costume ou d'insignes faisant connaitre sa qualité.

Nous disons : revêtu *ou non* de costume ou d'insignes. Ce n'est pas que la circonstance soit indifférente. Ainsi, le fait que l'agent n'est revêtu ni de costume ni d'insignes quelconques fera présumer que sa qualité est inconnue et légitimera la résistance, s'il n'est pas prouvé qu'au contraire l'auteur de la résistance savait à qui il avait affaire. Même dans ce dernier cas, l'absence de costume ou d'insignes constituera toujours une circonstance atténuante. Mais enfin le fait que l'agent ne porte ni costume ni insignes ne rend pas par lui seul la résistance légitime : cette résistance est condamnable si la qualité de l'agent est connue et s'il agit dans l'exercice de ses fonctions, quel que soit d'ailleurs son costume.

N'en serait-il pas autrement si l'agression avait lieu la nuit, de la part d'un agent même connu qui tenterait de s'introduire dans un domicile privé ? La résistance en un tel cas ne serait-elle pas légitime par cela seul que cet agent ne serait pas costumé ? On peut l'induire d'un passage du réquisitoire sur lequel est intervenu un arrêt de cassation rendu, dans l'intérêt de la loi, le 11 octobre 1821, avec adoption de ce réquisitoire pour motif. Mais il est plus sage de dire que la solution dépendra de l'espèce appréciée d'après les principes que nous venons d'exposer.

**69.** Les articles 114 à 122 du C. pénal prévoient et punissent les divers actes « arbitraires ou atten-
» tatoires à la liberté individuelle » qui peuvent être commis par « les fonctionnaires publics et les
» agents ou préposés du gouvernement. »

Supposons un de ces actes. La personne contre qui il est dirigé a-t-elle le droit d'y résister?

La solution affirmative semble évidente. En effet, si l'acte est illégal, la résistance qu'on y oppose n'est-elle pas nécessairement légale? — C'est ce qu'il faudrait admettre sans hésitation et sans aucune distinction entre les cas qui peuvent se présenter, dès que l'arrestation ou la tentative d'arrestation ne serait pas absolument régulière au fond ou en la forme, s'il n'existait pas au Code pénal un article 209, placé sous la rubrique : « Résistance, désobéissance et autres manquements envers l'autorité publique, » qui porte : « Toute attaque, toute résistance, avec
» violences et voies de fait envers les officiers minis-
» tériels, les gardes-champêtres et forestiers, la
» force publique, les préposés à la perception des
» taxes et des contributions, les porteurs de con-
» trainte, les préposés des douanes, les séquestres,
» les officiers ou agents de la police administrative
» ou judiciaire agissant pour l'exécution des lois,
» des ordres ou ordonnances de l'autorité publique,
» des mandats de justice ou de jugements, est qua-

» lifiée, selon les circonstances, crime ou. délit de
» rebellion. »

On voit de suite, à la simple lecture de cet article,
que toute résistance n'est pas interdite, mais on
comprend en même temps que la résistance légale
est restreinte à un très-petit nombre de cas. Il s'agit
de les déterminer.

**70.** Tout d'abord, il faut que la résistance se ma-
nifeste par une voie de fait, sans quoi elle serait
purement passive et non punissable. Mais les voies
de fait peuvent consister dans un simple coup,
même dans un geste. La Cour de cassation a jugé
que le fait de menacer un agent avec une arme
constitue la voie de fait (Rej., 30 août 1849; et
autres arrêts).

**71.** En second lieu, si la résistance ne s'adressait
pas à un agent rentrant dans les catégories énumé-
rées par l'article, il est clair encore qu'elle ne serait
pas punissable : mais il faut avouer qu'on rencon-
trera difficilement des agents d'exécution qui échap-
peraient à la désignation de « force publique » ou
« d'officiers ou agents de la police administrative
» ou judiciaire. » On peut cependant citer comme
non compris dans ces catégories, les employés des
contributions indirectes, les garnisaires, les gardes
particuliers, que la jurisprudence a exceptés avec
raison de la désignation de l'art. 209. Il n'en
est pas moins vrai que les termes de la loi s'appliquent encore à un nombre considérable d'individus
et particulièrement aux agents de l'ordre le moins
relevé dits inspecteurs de police.

**72.** Ce n'est donc pas dans l'exigence de ces deux premières conditions constitutives du délit de rébellion que se trouve une protection efficace pour les citoyens qui résistent à une arrestation illégale.

La troisième condition indiquée par l'art. 209 leur offre une garantie plus sérieuse. Pour que la résistance soit punissable, il faut qu'elle ait été dirigée contre des agents « agissant pour l'exécution des » lois, des ordres ou ordonnances de l'autorité pu- » blique, des mandats de justice et de juge- » ment. »

Il est certain, d'après cela, que si les agents n'a-gissent pas pour l'exécution des lois ou des ordon-nances de l'autorité, ou n'ont reçu aucun ordre, ou ne sont pas porteurs de mandats ou jugements, la ré-sistance est permise. Tel est du moins le principe. Mais, dans l'application, des difficultés se présentent.

Si tout le monde est censé connaître la loi et même les ordonnances, et par conséquent ne peut s'excuser en alléguant qu'il les ignorait, s'il en est de même des jugements, du moins lorsqu'ils sont contradictoi-res, et si par conséquent ils doivent être obéis même en l'absence de signification (Cass., 26 décembre 1839), il n'en est pas de même pour les ordres de l'au-torité et pour les mandats. L'ordre ou le mandat existe-t-il? — Pour le mandat, il est si facile à l'a-gent de le représenter que, s'il ne le fait pas, la ré-sistance semble incontestablement permise : des ar-rêts de Cours impériales l'ont déclarée légitime, et il n'existe pas, à notre connaissance, d'arrêts de la

Cour de cassation qui aient directement résolu la question en sens contraire. — Pour l'ordre, la question est plus délicate. Un ordre peut être verbal. Fût-il écrit, sa valeur n'apparaît pas par sa seule représentation. La jurisprudence n'est pas bien fixée (V. ci-après, n° 76). Il est difficile, lorsqu'on résiste, d'être sûr qu'on le fait à bon droit; mais, d'autre part, la non représentation de l'ordre, alors que toute question de flagrant délit est mise de côté, est un tort de l'agent qui doit atténuer le délit de résistance. En bonne législation, elle devrait même faire disparaître tout délit.

**73.** Supposons l'ordre non contesté, le mandat produit : ce mandat, cet ordre sont-ils réguliers? émanent-ils d'une autorité compétente? les formes imposées ont-elles été observées? un grand nombre de questions peuvent s'élever à ce sujet (1).

Quant à la solution, deux théories sont en présence. L'une admet en principe la résistance, bien entendu sans la légitimer aveuglément dans tous les cas, mais sans hésiter à proclamer le droit du citoyen qui se croit atteint par un acte illégal à y résister à ses risques et périls, punissable s'il se

(1) Nous écartons ici la question de la légitimité du gouvernement des agents duquel émanent l'ordre ou le mandat. Quand cette question se pose en fait, sa solution en droit ne soulève jamais aucune difficulté. Citons seulement l'arrêt de cassation sans renvoi du 24 septembre 1815 qui a jugé que la résistance aux ordres d'un gouvernement de fait (le gouvernement de Napoléon I$^{er}$) ne constituait ni crime ni délit, alors surtout que le refus d'obéissance était commandé par le gouvernement de droit (le gouvernement de Louis XVIII). — L'autorité dont la compétence est à examiner au point de vue qui nous occupe est celle qui est instituée par le gouvernement établi, quel qu'il soit.

trompe dans son appréciation, mais devant échapper, dans le cas contraire, à toute condamnation. L'autre théorie refuse absolument au particulier illégalement menacé et arrêté, tout droit de résistance, quelle que soit l'évidence de l'illégalité. Elle s'appuie sur le danger qu'il peut y avoir à laisser chacun juge de la régularité d'actes accomplis par des agents de l'autorité auxquels obéissance est due provisoirement, à cause de la présomption de légalité qu'il est raisonnable d'attacher à tous leurs actes, sauf à les faire punir ou à obtenir contre eux des condamnations civiles, suivant les cas, s'ils ont été en faute.

**74.** Cette dernière théorie nous paraît devoir être repoussée. Non-seulement, elle raye d'un trait de plume la dernière condition constitutive du délit de rébellion indiquée par l'art. 209, qui, si cette théorie était exacte, devrait être rédigé comme il suit : « Toute résistance... envers les officiers... est qualifiée rébellion » ; mais encore elle choque la raison naturelle et méconnaît les notions les plus élémentaires de la justice. De plus, en voulant éviter un danger, elle nous fait tomber dans un pire. Le citoyen, victime d'un acte arbitraire commis par un agent ordinairement des plus bas placés, a rarement le courage (dont il faudrait le louer) de conserver un calme complet : un simple mouvement brusque qualifié de coup peut, si la résistance légale est interdite, le conduire en police correctionnelle où sa condamnation pourra être prononcée, quoique l'acte auquel il a résisté soit reconnu illégal. Ce fait est loin d'être sans exemple. Nous le croyons déplorable : déplorable au point de vue du particulier qui, de victime est transformé en coupable, pour un fait sans gravité réelle ; déplorable au point de vue de la morale publique, qu'il tend à abaisser ; déplorable au point de vue des vrais intérêts de l'autorité qu'il déconsidère et qu'il fait apparaître sous un jour odieux.

Le danger que redoutent ceux qui proscrivent toute résistance est-il d'ailleurs réel ? Evidemment, non, puisque le système contraire a été celui de notre ancienne législation et qu'il est encore celui d'un grand nombre de législations étrangères.

**75.** Pour nous, nous admettons la légalité de la résistance à une arrestation illégale, à la seule con-dition que l'illégalité soit une illégalité sérieuse, réelle, sans distinguer d'ailleurs si cette illégalité tient au fond ou si elle tient à la forme, pourvu qu'il s'agisse d'une forme essentielle.

Quand l'illégalité consiste dans une irrégularité indifférente, telle, par exemple, que l'absence d'une mention non substantielle dans un mandat, il est clair que la résistance ne serait pas légitime. Mais hors ce cas, assez facile, dans la pratique, à dis-tinguer des autres, il importe peu que le défaut de légalité résulte de l'incompétence du fonctionnaire de qui émane l'ordre d'arrestation, ou de la viola-tion de loi commise par lui, ou du vice de forme de l'injonction qu'il aura adressée aux agents d'exécu-tion ou de la mauvaise manière de procéder de ceux-ci. La résistance est légitime quand l'arrestation est entachée d'une irrégularité sérieuse.

Ce n'est pas à dire que, même dans ce cas, nous la conseillions. Indépendamment du danger auquel, dans l'état de la jurisprudence dont nous parlerons tout à l'heure, on s'expose en résistant, même dans les cas les plus flagrants d'arrestation arbitraire, il y a deux choses à considérer : premièrement, la facilité avec laquelle, entraîné par la lutte, on peut dépasser la mesure de la résistance légitime ; en second lieu, l'inutilité ordinaire de cette résistance. Nous pensons qu'une action judiciaire contre l'auteur de l'illégalité et le recours à l'opinion publique sont des moyens plus efficaces que la résistance par la force, et en même temps plus conformes à la dignité humaine.

Il n'en faut pas moins reconnaître le droit, en ajoutant que, dans un certain état de la société qui malheureusement n'est pas encore passé à l'état de souvenir historique, à certaines époques et dans certaines circonstances, il serait inexact de dire que la résistance par la force ne puisse pas être une barrière contre la violation des lois et une sauvegarde de la liberté individuelle.

**76**. Après l'exposé de ces idées générales, nous est-il possible de formuler quelques règles précises pour distinguer les cas où la résistance légale est permise de ceux où elle ne l'est pas ?

Les auteurs et la jurisprudence s'accordent sur ce point qu'il y a des distinctions à faire. Mais, dans l'application, la plus grande confusion règne en cette matière. Particulièrement en ce qui concerne la jurisprudence, la conciliation de ses diverses décisions paraît impossible. On pourrait bien donner au principe qui semble la diriger, la formule suivante : « Il y a présomption de légalité en faveur de l'acte accompli par un agent compétent pour accomplir de pareils actes et présomption de compétence, en faveur de l'agent qui accomplit un acte ; toutefois, ces présomptions cessent en cas d'illégalité flagrante ou d'incompétence certaine. » Ces idées paraissent avoir été admises par plusieurs arrêts, notamment par des arrêts de Cours impériales et par un arrêt de Cassation du 29 mars 1855. Mais quand y a-t-il illégalité flagrante ? Quand y a-t-il incompétence certaine ? Aucune règle fixe à cet égard.

Citons comme décision favorable à la liberté individuelle, l'arrêt de Cassation du 7 avril 1837, qui a jugé qu'on ne devait pas considérer comme rébellion la résistance opposée à des gardes-forestiers par un individu rencontré dans une forêt, porteur d'une serpe, lorsque les gardes, au lieu de conduire cet individu devant le maire ou le juge de paix, conformément à l'art. 163 du Code forestier, ont voulu le forcer à les mener à l'endroit où il avouait avoir coupé du bois.

Cette décision, quoi qu'on en ait dit, n'est directement contredite par aucun arrêt postérieur de la Cour de cassation. On n'y peut opposer que des arrêts plus anciens, tel par exemple que l'arrêt du 5 janvier 1821, qui avait jugé en thèse que le plus ou moins de régularité de l'acte de l'agent était complètement indifférent et qui, en conséquence, avait déclaré rébellion la résistance opposée à la force publique procédant à une arrestation sur l'ordre donné par un commissaire de police, hors le cas de crime flagrant ou cas assimilés. Il est à espérer qu'un pareil arrêt ne serait plus rendu aujourd'hui. La question ne paraît pas s'être représentée depuis lors devant la Cour, mais les auteurs les plus autorisés citent précisément comme exemple évident d'un cas qui ne constitue pas la rébellion, celui de résistance à une arrestation opérée hors du cas de flagrant délit et sans mandat (MM. Faustin Hélie, Achille Morin).

**77.** L'art. 209 prévoit la rébellion envers les officiers ministériels. La résistance aux officiers ministériels, et notamment aux huissiers, a donné lieu à un grand nombre de décisions que nous croyons pouvoir négliger, parce qu'elles offrent peu de difficultés de principe. Ces décisions se trouvent dans tous les recueils de jurisprudence.

**78.** Les articles 212 et 218 du Code pénal frappent la rébellion d'un emprisonnement de six mois à deux ans, si la rébellion a eu lieu avec armes, de six jours à six mois si elle a eu lieu sans armes, et dans les deux cas d'une amende facultative de 16 à 200 francs.

Les articles 210, 211, 213 à 216, 219 à 221 prévoient la rébellion par bandes à partir de trois personnes. Nous renvoyons à ces articles.

Enfin, l'art. 217 punit la provocation à la rébellion. Nous renvoyons également à son texte.

Dans tous les cas de rébellion, l'art. 463 du Code applicable.

§

**79**. Nous supposons maintenant que la résistance n'a pas été employée, soit qu'elle n'ait pu l'être ou bien que, l'ayant été, elle n'a pas suffi à empêcher l'arrestation illégale.

Diverses voies de recours s'offrent à la victime de cette arrestation. Avant de passer aux voies contentieuses, disons quelques mots des plaintes et des réclamations qu'elle peut formuler sans recourir à la justice.

Elle peut s'adresser à l'autorité elle-même, dénoncer le fait aux supérieurs hiérarchiques de l'agent coupable en remontant jusqu'au Ministre et au chef de l'État; elle peut enfin déférer à l'opinion publique, spécialement par la voie de la presse, l'acte qui l'a lésée. Nous n'avons pas à insister sur ces divers points, parce que l'emploi de ces moyens échappe à toute règle précise. Cependant, nous croyons deux observations, l'une utile, l'autre nécessaire.

**80**. L'observation nécessaire est celle-ci.

Le plaignant ne devra jamais perdre de vue deux parties spéciales de notre législation, à savoir : les dispositions répressives de la dénonciation calomnieuse (art. 373 et suiv. C. pénal) et celles qui punissent les délits de la presse et de la parole, la diffamation, l'outrage et l'injure.

Pour éviter, autant que possible, des poursuites,

sous l'une ou l'autre de ces imputations, le plaignant doit s'attacher scrupuleusement à la vérité. Il faut, non-seulement que les faits qu'il dénonce soient vrais, mais encore qu'il puisse en fournir la preuve, et, s'il a recours à la publicité, qu'il ne désigne les personnes qu'autant qu'il est prêt à leur demander judiciairement la réparation du délit commis envers lui, seul moyen qu'il ait de se rendre recevable à en administrer la preuve.

**81.** Nous croyons utile d'ajouter que le bon citoyen, quand il est sûr des faits, quand il est muni de preuves autant que possible, ne doit pas hésiter à saisir l'opinion et les tribunaux. C'est un devoir public qu'il a à remplir. Les atteintes à la liberté individuelle seraient moins fréquentes si les agents savaient mieux qu'ils encourent une responsabilité. Il ne faut pas craindre de le leur rappeler, au risque de s'attirer quelques ennuis personnels. L'impunité des faits attentatoires à la liberté individuelle affaiblirait bien vite le respect de ce droit sacré, et une nation chez laquelle ce sentiment disparaîtrait n'aurait plus le droit de conserver l'estime d'elle-même.

§

**82.** Nous arrivons aux actions judiciaires qui peuvent être exercées contre les auteurs d'arrestations illégales ou de tentatives d'arrestation illégale, et nous parlons d'abord de l'action civile.

Les auteurs de ces actes peuvent être de simples particuliers, ou des fonctionnaires de l'ordre judiciaire, ou des fonctionnaires de l'ordre administratif.

**83.** Si ce sont de simples particuliers, aucun obstacle spécial ne s'oppose à la poursuite.

Il en est de même si ce sont des fonctionnaires de l'ordre judiciaire. La Cour de cassation vient de juger qu'il n'y avait, sous ce rapport, aucune distinction à faire entre eux et les simples particuliers, et que les dispositions spéciales des art. 479 et suiv. du C. d'instr. crim., dont nous parlerons bientôt, ne s'appliquaient qu'à l'action pénale dirigée contre eux. (Ch. civ., cass., 16 décembre 1867.)

Mais si les auteurs de l'acte illégal sont des fonctionnaires de l'ordre administratif, une difficulté surgit, c'est la nécessité de l'autorisation préalable de poursuite, autorisation qui doit être obtenue aussi bien quand il s'agit de l'action civile que quand il s'agit de l'action pénale. Pour suivre rigoureusement l'ordre que nous avons adopté, nous devrions traiter ici de cette autorisation. Néanmoins, afin de ne pas diviser les développements de cette matière, nous renvoyons tout ce que nous avons à dire de l'autorisation préalable au paragraphe relatif à l'action pénale. Il est seulement entendu que ce qui sera dit alors à propos de l'action pénale dirigée contre les fonctionnaires protégés s'appliquera également à l'action civile.

**84.** Nous supposons donc l'action civile intentée contre un simple particulier ou contre un fonctionnaire de l'ordre judiciaire, ou, si elle est intentée contre un fonctionnaire de l'ordre administratif, nous supposons l'autorisation nécessaire obtenue.

Sur l'action civile elle-même, nous n'avons que peu de chose à dire.

Le principe de l'action découle des articles 1382 à 1384 du C. Napoléon. Elle est ouverte à la partie lésée contre toute personne, même contre tout magistrat, auteur du dommage, si cette personne ou ce magistrat a agi sans droit.

Quant à l'exercice de l'action et aux dommages-intérêts auxquels elle aboutit, soit qu'elle se présente comme action principale devant la juridiction civile, soit qu'elle soit intentée accessoirement à l'action pénale par le plaignant se portant partie civile devant la juridiction répressive, nous ne pouvons que renvoyer au droit commun.

Indiquons toutefois la disposition de l'art. 117 du C. pén., qui fixe le minimum des dommages-intérêts qui peuvent être prononcés à raison des attentats prévus par l'art. 114 du même Code. Ce minimum est de « vingt-cinq francs pour chaque jour de dé-
» tention illégale et arbitraire et pour chaque indi-
» vidu. » Il est applicable, d'après l'art. 119, aux fonctionnaires chargés de la police judiciaire ou administrative, coupables d'avoir « refusé ou né-
» gligé de déférer à une réclamation légale tendant
» à constater les détentions illégales et arbitraires...
» et qui ne justifieront pas de les avoir dénoncées à
» l'autorité supérieure. »

§

**85**. L'action pénale fondée sur des actes attentatoires à la liberté individuelle peut être exercée contre de simples particuliers ou contre des fonctionnaires de l'ordre judiciaire ou contre des fonctionnaires de l'ordre administratif.

Dirigée contre ces deux dernières classes de personnes, elle rencontre des obstacles dont nous avons à parler avant de nous occuper de l'action elle-même.

Le législateur français a jugé nécessaire de protéger certaines fonctions publiques, c'est-à-dire, en fait, ceux qui les exercent, contre des poursuites qu'il présume téméraires ou contraires à l'intérêt social. Il a, en conséquence, établi au profit des fonctionnaires de l'ordre judiciaire et de ceux de l'ordre administratif certains priviléges, différents pour les uns et pour les autres, que nous allons avoir à étudier séparément (1).

**86**. S'il nous est permis d'exprimer en quelques mots seulement notre opinion sur le principe de cette législation, nous n'hésiterons pas à dire que les intérêts véritables de la société, du gouvernement et des fonctionnaires eux-mêmes nous paraîtraient mieux servis par une règle toute contraire. La responsabilité des fonctionnaires à tous les degrés,

(1) Il est entendu que nous laissons ici de côté les immunités analogues accordées aux membres des Chambres législatives et du Conseil d'État. Il serait oiseux de rechercher leurs conséquences au point de vue des poursuites dont nous nous occupons.

conforme au droit commun, aurait le double avantage de faire disparaitre un grand nombre d'abus et de relever par suite le respect accordé à l'autorité elle-même. Quant aux inconvénients personnels qui en résulteraient pour certains fonctionnaires, il y a peu à s'en préoccuper, alors que les excès seraient si efficacement réprimés par la législation qui protége les droits privés. La punition du calomniateur pourrait d'ailleurs être plus sévère quand la calomnie se serait adressée à un fonctionnaire. Cette disposition, juste en elle-même, nous paraîtrait une garantie bien suffisante. — Nous nous réservons de revenir un instant encore sur cette question de principe quand nous traiterons spécialement du privilége accordé aux fonctionnaires de l'ordre administratif.

**87.** Nous revenons à la loi telle qu'elle est.

Nous avons dit qu'elle exerçait également sa protection sur les fonctionnaires de l'ordre judiciaire et sur les fonctionnaires de l'ordre administratif; mais elle ne l'exerce pas de la même manière. Parlons d'abord des fonctionnaires de l'ordre judiciaire.

La loi distingue le cas où le crime ou délit commis par le fonctionnaire de l'ordre judiciaire a été commis dans l'exercice de ses fonctions et le cas contraire.

Commençons par les faits commis hors des fonctions.

**88.** L'art. 479 du C. d'instr. crim. prévoit le cas d'un délit. Il est ainsi conçu : « Lorsqu'un juge de

» paix, un membre du tribunal correctionnel ou
» de première instance, ou un officier chargé du
» ministère public près l'un de ces tribunaux, sera
» prévenu d'avoir commis hors de ses fonctions un
» délit emportant une peine correctionnelle, le pro-
» cureur-général près la Cour royale le fera citer
» devant cette Cour qui prononcera sans qu'il puisse
» y avoir appel. »

Cet article consacre deux dérogations au droit commun : 1º un privilége de juridiction ; 2º la suppression de l'action directe du particulier lésé. Non-seulement, le magistrat ne peut être jugé que par la Cour impériale, mais encore il ne peut être cité que par le ministère public. Cette seconde dérogation est infiniment plus grave que la première : elle met le droit individuel à la discrétion du chef du Parquet.

Il faut avoir soin de restreindre cette disposition exorbitante dans ces termes rigoureux et par conséquent de n'accorder le bénéfice qu'aux magistrats mêmes qui sont désignés par l'art. 479 ou par un autre texte formel, tel que l'art. 10 de la loi du 20 avril 1830, qui a étendu ce bénéfice « aux grands
» officiers de la Légion d'honneur, aux généraux
» commandant une division ou un département, aux
» archevêques et évêques, aux présidents de consis-
» toire, aux membres de la Cour de cassation, de la
» Cour des comptes et des Cours impériales et aux
» préfets. » Ainsi, les juges de police, autres que les juges de paix, les officiers du ministère public près les tribunaux de police, les greffiers en général,

les membres des tribunaux de commerce ou des conseils des prud'hommes ne peuvent invoquer le privilége établi par l'art. 479.

Par la même raison, il faut déclarer cette disposition, qui ne prévoit qu'une poursuite correctionnelle, inapplicable aux poursuites devant les tribunaux de police, ainsi que l'a jugé la Cour de cassation (Cass., 26 septembre 1851), et devant les Cours d'assises (Cass., 2 janvier 1834); à plus forte raison devait-elle être écartée, comme elle l'a été, en cas de poursuite civile (V. plus haut, n° 83).

L'art. 480 prévoit le cas de crime et confie la poursuite et l'instruction à des magistrats désignés par le Procureur général et le premier Président de la Cour. Quant au jugement, il appartient à la Cour d'assises, ainsi que nous venons de le dire.

Les art. 481 et 482 s'occupent du cas où le crime ou délit a été commis par un membre de Cour impériale ou un officier du ministère public près une Cour impériale. La poursuite est alors soumise à une autorisation préalable de la Cour de cassation. C'est une barrière de plus à franchir.

**89.** La protection accordée par la loi aux fonctionnaires de l'ordre judiciaire est plus attentive encore lorsque le crime ou délit a été commis dans l'exercice même des fonctions.

L'art 483 est ainsi conçu : « Lorsqu'un juge de
» paix ou de police, ou un juge faisant partie d'un
» tribunal de commerce, un officier de police judi-
» ciaire, un membre de tribunal correctionnel ou de

» première instance, ou un officier chargé du mi-
» nistère public près l'un de ces juges ou tribu-
» naux, sera prévenu d'avoir commis, dans l'exercice
» de ses fonctions, un délit emportant une peine
» correctionnelle, ce délit sera poursuivi et jugé
» comme il est dit à l'art. 479. »

Cette disposition accorde, on le voit, le privilége
de juridiction et la suppression de l'action directe à
un beaucoup plus grand nombre de fonctionnaires
que ceux énumérés par l'article 479. Elle peut être
invoquée par tous les officiers de police judiciaire,
ce qui comprend jusqu'aux gardes-forestiers, aux
garde-pêches et aux gardes-champêtres, pourvu
qu'ils aient commis le fait dans l'exercice de leurs
fonctions. Nous verrons plus loin que les officiers
de police judiciaire qui (comme les gardes sus-men-
tionnés) réunissent à cette qualité celle d'agents du
gouvernement, sont protégés en outre par la garantie
constitutionnelle ; de telle sorte que s'ils ont agi en
leur double qualité, l'accord du Conseil d'État et du
Procureur général est nécessaire pour qu'ils puissent être poursuivis, encore bien que la poursuite
doive s'exercer devant la Cour impériale ! — Quand
on songe à la fréquence des délits d'un certain genre
commis par les gardes en fonctions (les délits de
chasse par exemple), n'est-on pas fondé à critiquer
l'exagération de la protection que la loi leur accorde ?
Et quand on réfléchit aux abus d'autorité de toutes
sortes, notamment aux atteintes à la liberté individuelle que leur situation leur facilite et peut les
entraîner à commettre, n'a-t-on pas lieu d'être

étonné que ces abus déjà fréquents, ne soient pas plus nombreux encore ?

**90.** L'art. 484 prévoit le cas de crime et confie la poursuite et l'instruction au procureur général et au premier président de la Cour impériale. Le jugement appartient à la Cour d'assises.

Les art. 485 et suivants s'occupent des crimes imputés soit à un tribunal entier, soit à un membre de Cour impériale ou à un officier du ministère public près cette Cour. La poursuite s'exerce alors par voie de dénonciation au ministre de la justice ou à la Cour de cassation. Nous devons nous contenter de renvoyer à la loi pour les détails de cette matière qui n'offre aucun intérêt pratique, vu la rareté des cas prévus.

**91.** Nous passons maintenant aux crimes ou délits commis par les fonctionnaires de l'ordre administratif.

C'est ici que nous rencontrons la célèbre disposition de l'art. 75 de la Constitution du 22 frimaire an VIII, ainsi conçu : « Les agents du gouverne- » ment autres que les ministres, ne peuvent être » poursuivis pour des faits relatifs à leurs fonctions » qu'en vertu d'une décision du Conseil d'État : » en ce cas, la poursuite a lieu devant les tribunaux » ordinaires. »

La protection ainsi accordée aux agents du gouvernement est ce qu'on appelle la *garantie constitutionnelle.*

On a souvent soutenu qu'elle avait été abrogée :

d'abord par la Charte, puis par la Révolution de 1848. Mais le contraire a été admis par tous les orateurs, dans une discussion qui eut lieu, en 1835, à la Chambre des députés, sur un projet de loi qui fut ensuite abandonné ; et la jurisprudence, tant du Conseil d'État que de la Cour de cassation, fixée dans le même sens avant 1848, n'a pas changé depuis.

**92.** On justifie communément cette protection en la proclamant une conséquence du principe de la séparation des pouvoirs établi en 1789. C'est en effet comme application de ce principe qu'elle a été écrite dans la loi constitutionnelle, et il faut reconnaître qu'au lendemain de la Révolution, et quand le souvenir des luttes du parlement avec le gouvernement était encore récent, cette manière de voir était suffisamment fondée. Mais depuis lors, l'ordre judiciaire a renoncé à toute prétention d'intervenir dans l'administration. Le voulût-il, il ne le pourrait plus, n'étant qu'une émanation pure et simple du pouvoir exécutif, lequel d'ailleurs est aujourd'hui fortifié par un ensemble de dispositions législatives qui concentrent entre ses mains toute puissance et toute influence. Aussi la garantie constitutionnelle a complétement cessé d'être nécessaire à l'indépendance de l'administration.

Il y a plus : elle est devenue tout le contraire de ce qu'elle était, et loin de réaliser une application de la séparation des pouvoirs, elle établit aujourd'hui une confusion absolue des deux pouvoirs judiciaire et administratif, et constitue un empiètement évident de ce dernier sur le premier.

Il n'en serait pas ainsi si le Conseil d'État, saisi d'une demande d'autorisation de poursuite, se bornait à constater la matérialité du fait délictueux à raison duquel la demande est formée et autorisait la poursuite quand ce fait lui paraît certain ou très-probable. Mais, depuis longtemps, la jurisprudence du Conseil d'État est toute différente : Le Conseil, en sa qualité de corps politique et administratif, pense qu'il a le droit et le devoir de se préoccuper des intérêts de l'administration et des considérations politiques ; en conséquence, quand ces intérêts et ces considérations lui paraissent militer contre la poursuite, alors même que le fait délictueux serait certain à ses yeux, il refuse l'autorisation. C'est ce qui arrive souvent. Nous n'entendons pas dire qu'en cela le Conseil d'État comprenne mal la mission qui lui est confiée ; en effet, on ne voit guère pourquoi on aurait recours à lui si ce n'est précisément pour qu'il apprécie la poursuite au point de vue où il se place : mais assurément l'attribution qu'il exerce de cette façon est, au plus haut degré, une attribution judiciaire. Que ce soit ou non par des motifs d'un ordre supérieur qu'il agisse, il juge le prévenu ou l'accusé en premier ressort quand il autorise la poursuite, en premier et en dernier ressort quand il refuse l'autorisation ; la seule différence qu'il y ait entre sa décision et celle d'un tribunal ordinaire, c'est qu'il lui est permis de puiser dans des considérations étrangères à la justice les motifs de l'acquittement. C'est donc l'introduction de la politique dans la justice.

Est-ce au moins de la bonne politique ? Nous ne le pensons pas. On veut, dit-on, éviter le scandale, maintenir le prestige de l'autorité toujours plus ou moins solidaire des actes de ses agents et poursuivie d'ailleurs, quelquefois avec acharnement, par l'esprit de parti. Nous avons déjà répondu que la responsabilité et la publicité sont la meilleure sauvegarde d'une administration loyale. Nous ajoutons, en nous gardant de méconnaître le rôle que la passion peut jouer dans ces sortes d'affaires, que les juges, quels qu'ils soient, dans notre état social actuel, ne refuseront jamais aux agents du gouvernement la protection à laquelle ils ont droit. Mais nous ne voulons pas prolonger ici l'examen d'une question qui mérite une étude spéciale et nous revenons à la loi, telle qu'elle est.

**93.** La garantie constitutionnelle protége les *agents du gouvernement* autres que les ministres *poursuivis pour des faits relatifs à leurs fonctions.*

On s'accorde assez généralement aujourd'hui à dire que les agents du gouvernement dans le sens de l'art. 75 de la Constitution de l'an VIII, sont les dépositaires d'une partie quelconque de l'autorité publique : mais en cela on ne fait guère que reculer la difficulté, car il s'agit de définir ces dépositaires et on est loin de s'entendre à ce sujet. Ce qui ressort de plus clair des controverses, c'est que, parmi les individus revêtus d'un emploi quelconque à eux confié par l'administration, ceux d'un ordre supérieur sont des agents du gouvernement, ceux d'un ordre inférieur n'en sont pas. Les premiers ont, en général, un pouvoir propre de commandement, quoique subordonnés eux-mêmes à des chefs ; les seconds n'en ont pas et ne sont que les auxiliaires des premiers. Pour prendre des exemples frappants, un ministre, un préfet, sont des agents du gouvernement ; un commis de bureau, même dans une administration publique, n'en est pas un. Mais la règle que nous venons d'indiquer est loin d'être un guide suffisant. Certains fonctionnaires d'un rang hiérarchique peu élevé, ont obtenu la garantie refusée à d'autres plus haut placés. Le plus sage est donc de procéder par voie d'exemples et d'énumération.

**94.** Signalons dès l'abord deux catégories de fonctionnaires qui, d'une manière générale, ne sont pas compris parmi les agents du gouvernement dans le sens de l'article 75. Cette élimination déblaiera le terrain. Nous voulons parler, d'une part, des magistrats et officiers de police judiciaire, d'autre part, des militaires : les uns et les autres, en tant qu'ils ne sont revêtus d'aucune fonction spéciale les faisant passer dans la classe des agents du gouvernement, ne peuvent invoquer l'art. 75. Il en est ainsi même des gendarmes.

Mais la qualité d'officier de police judiciaire ou militaire peut se joindre dans le même individu à celle d'agent du gouvernement ; alors il faudra distinguer en quelle qualité il a agi, et l'autorisation ne sera nécessaire que si ce n'est pas en sa qualité d'officier de police judiciaire. Cette distinction est d'un usage fréquent pour les maires et les commissaires de police. Les exemples nous entraîneraient trop loin. Nous sommes obligés de renvoyer aux recueils de jurisprudence.

**95.** Ont été considérés comme agents du gouvernement dans le sens de l'art. 75, outre les ministres nommément désignés par cet article qui en même temps les excepte de son application (1) :

Les ambassadeurs et agents diplomatiques ou consulaires (2) ;

Les sous-secrétaires d'état et les directeurs généraux des administrations centrales ;

Les préfets et sous-préfets ;

Les secrétaires généraux et conseillers de préfecture ;

Les maires et adjoints ;

Le préfet de police ;

Les commissaires de police et les officiers de paix ;

Les directeurs et gardiens-chefs de prisons ;

Les inspecteurs des halles et marchés de Paris ;

Les ingénieurs et conducteurs des ponts et chaussées ; les ingénieurs des mines et garde-mines ;

Les préposés des ponts à bascule ;

Les gardes d'écluses et de halage, les garde-orts ;

(1) Sous la Constitution de l'an VIII et sous les constitutions suivantes, on supposait et on suppose que les poursuites contre les ministres sont soumises à une forme particulière ; mais cette forme qui se rattache, au moins dans une certaine mesure, à la responsabilité ministérielle n'est pas actuellement organisée.

(2) La plupart des solutions consignées ici (n°ˢ 95 et 96) ont été consacrées par des arrêtés soit du Conseil d'État, soit de la Cour de cassation, que nous nous dispensons de citer à cause de leur grand nombre et de la certitude de la jurisprudence sur ces points spéciaux.

Les commissaires ou sous-commissaires préposés à la surveillance des chemins de fer ;

Les vérificateurs des poids et mesures ;

Les recteurs d'académie et inspecteurs de l'instruction publique ;

Les gardes forestiers ;

Les officiers commandant de circonscriptions territoriales en état de siége ;

Les gouverneurs de colonies et commandants d'établissements français à l'étranger ;

Les intendants militaires et autres officiers d'administration militaires chargés de services administratifs ;

Les administrateurs de la marine et les syndics des gens de mer.

**96.** Ont été considérés comme n'étant pas agents du gouvernement dans le sens de l'art. 75 :

Les membres des conseils généraux, d'arrondissement ou municipaux ;

Les secrétaires de mairie ;

Les employés même supérieurs des administrations publiques, non chargés de la direction d'un service ;

Les gardes-champêtres ;

Les sergents de ville et les agents de police municipaux ;

Les porteurs de contrainte ;

Les ministres des cultes, les membres des conseils de fabrique ;

Les instituteurs communaux ;

Les officiers de la garde nationale ;

Les officiers de louveterie ;

Les chefs cantonniers ;

Les adjudicataires de droits à percevoir, les entrepreneurs de travaux publics, les fournisseurs de l'administration ;

Les membres d'une assemblée électorale.

**97.** Il y a controverse sur le caractère à attribuer, au point de vue qui nous occupe, à certains fonctionnaires, entre autres :

Aux agents-voyers ;

Aux membres des bureaux de bienfaisance et des commissions administratives des hospices ;

Enfin, aux agents de la force publique dits *inspecteurs de police.*

**98.** Cette dernière question, comme la plus pratique, mérite un instant d'examen. Mais, suivant nous, il ne faut pas hésiter à la résoudre dans le sens de la négative. Cette solution se déduit, à plus forte raison, de celle qui a été admise par la jurisprudence relativement aux sergents de ville. Les inspecteurs de police sont des auxiliaires occultes de la police ostensible ; ils sont placés au dernier rang de la hiérarchie administrative et n'ont aucun pouvoir de commandement. Ils sont de simples agents de la force publique et non des agents du gouvernement ; ils n'ont donc aucun titre à la garantie constitutionnelle. Au surplus, la jurisprudence de la Cour de cassation et celle du Conseil d'Etat paraissent avoir tranché la question en ce sens, en refusant la garantie « aux agents de police » en termes généraux (Cass., 23 mars 1861) ou « aux agents de la police locale. » (Cons. d'Et., 11 novembre 1864.) La Cour de Paris vient de se ranger à cette jurisprudence par un arrêt du 23 janvier 1868.

**99.** Il nous reste un mot à dire de certains agents du gouvernement, auxquels est accordé le privilége spécial d'une autorisation préalable de poursuite accordée non plus par le Conseil d'Etat, mais par le chef de l'administration dont ils dépendent. Ce sont divers agents du département des finances : receveurs, payeurs, percepteurs de contributions directes, préposés de l'enregistrement et des domaines, des postes, des eaux et forêts, des monnaies. Des décrets spéciaux ont établi ce privilége, qu'il nous suffit de mentionner ici, en renvoyant pour les détails aux ouvrages qui traitent particulièrement de la mise en jugement des fonctionnaires.

Les préposés des octrois et des contributions indirectes ne jouissent pas du privilége.

**100.** La seconde condition d'applicabilité de l'art. 75 de la Constitution de l'an viii, est que l'agent soit poursuivi pour des faits relatifs à ses fonctions.

Le délit est relatif à la fonction lorsque cette fonction « entre dans l'acte reproché à l'agent par » l'abus que celui-ci en a fait en délinquant ou pour » délinquer » (Rauter, Dr. crim., n° 659). Un délit commis dans l'exercice de la fonction n'est pas par cela seul relatif à la fonction. Ainsi un agent de police, en conduisant au poste une personne qu'il a arrêtée et qui se laisse mener, la frappe ; ce délit n'est évidemment pas relatif à la fonction. Il y serait relatif si l'agent avait frappé au moment même où il arrêtait. On comprend combien, la plupart du temps, la distinction sera difficile à faire. Elle n'en est pas moins certaine en principe.

Nous ne pouvons examiner ici les questions qui peuvent s'élever sur le point de savoir quand l'agent est ou non dans l'exercice de ses fonctions. Ce sont des questions d'espèce qui exigent, dans chaque cas particulier, le triple examen du fait commis par l'agent, de ses attributions fonctionnelles et de la relation de ces attributions avec le fait commis par lui.

La révocation de l'agent survenue depuis son délit, à plus forte raison sa démission, ne lui enlève pas la garantie constitutionnelle.

**101**. L'autorisation du Conseil d'Etat, quand elle est nécessaire, l'est, ainsi que nous l'avons déjà dit, aussi bien pour l'exercice de l'action civile que pour celui de l'action pénale.

Faisons remarquer ici que, soit qu'il s'agisse de l'une ou de l'autre, le Conseil d'Etat ne statue sur les demandes d'autorisation de poursuites qu'autant que l'action est déjà intentée devant le tribunal compétent. Telle est sa jurisprudence. Il ne veut pas (et c'est avec raison) qu'un agent contre qui une pareille demande aurait été formée reste, en cas d'autorisation, indéfiniment placé sous le coup de l'action dont on le menace, sans que cette action soit jamais effectivement intentée (Cons. d'Etat, 13 juin 1856 et autres arrêts).

L'action intentée, le tribunal surseoit à juger jusqu'à ce que l'autorisation lui soit représentée.

La demande d'autorisation est portée devant la section de législation du Conseil d'Etat ; elle peut l'être sans le ministère d'avocat. Il est statué par décret impérial.

**102.** Supposons maintenant que l'autorisation a été accordée, ou bien qu'elle n'était pas nécessaire. Nous avons à déterminer les peines qui viennent frapper l'auteur de l'acte attentatoire à la liberté individuelle.

Distinguons les crimes et les délits.

Cette distinction est capitale, non pas tant au point de vue de la peine applicable qu'au point de vue de la recevabilité de l'action directe qui est accordée ou non à la partie lésée. Quand il y a crime, le ministère public seul peut poursuivre ; quand il n'y a que délit, la partie lésée a le droit de citation directe devant le tribunal correctionnel et elle peut exercer ce droit, soit en se portant, soit en ne se portant pas partie civile.

Comme, en général, le ministère public sera peu disposé à poursuivre les actes attentatoires à la liberté individuelle, du moins quand ils émaneront d'agents de l'autorité, par la raison qu'il considèrera ordinairement ces actes comme de simples excès de zèle, il est à craindre que quand le fait constituera un crime, l'impunité ne soit infiniment plus probable que quand il constituera un délit.

**103.** Les crimes et délits, en matière d'attentat à la liberté individuelle, sont énumérés par les articles 114 à 122, 184 et 186, et 341 à 344 du Code pénal.

Ces quatre derniers articles sont seuls applicables aux infractions commises par les simples particuliers. Le sont-ils également aux fonctionnaires, préposés et agents du gouvernement — dont certains actes spécifiés aux articles 114 à 122, 184 et 186, sont punis par ces articles — lorsque ces fonctionnaires, préposés ou agents commettent le fait prévu par l'art. 341, à savoir celui d'avoir « sans ordre » des autorités constituées et hors les cas où la loi » ordonne de saisir les prévenus, arrêté, détenu ou » séquestré des personnes quelconques ? »

Il y a doute sur ce point, et la question est importante, parce que l'art. 114 rangeant parmi les crimes les faits qu'il prévoit, le ministère public seul, ainsi qu'il a été expliqué plus haut, peut les poursuivre, tandis que l'action directe des particuliers lésés est admise au cas de l'art. 343, qui ne fait qu'un simple délit de l'atteinte à la liberté qu'il prévoit, laquelle est de beaucoup la plus fréquente dans la pratique.

L'exposé des motifs présenté au Corps législatif, abordant la section du Code pénal sous la rubrique duquel se trouvent placés les art. 341 à 344, corrigeait la généralité des termes de cette rubrique, ainsi conçue : « Arrestations illégales et séquestra- » tions de personnes », en disant : « Il ne s'agit

» point ici des arrestations illégales commises par
» des fonctionnaires publics. Cette matière est trai-
» tée par le titre I<sup>er</sup> du 3<sup>e</sup> livre », c'est-à-dire par
les art. 114 et suiv.. En effet, l'art. 114 punissant
« tout acte arbitraire ou attentatoire à la liberté in-
» dividuelle, » les actes punis par les art. 341 à 344
rentrent dans sa disposition, et dès lors, il est certain que, quand ces actes sont commis par des
fonctionnaires, les articles 114 et suivants sont àp-
plicables, mais par là même l'application des
art. 341 à 344 est-elle absolument exclue? La Cour
de cassation, jusqu'à un récent arrêt, ne l'avait pas
pensé.

Un premier arrêt du 5 novembre 1812, rendu sur
les conclusions de Merlin, avait décidé que l'art. 341
était d'une application générale. Il est vrai que
c'était par voie de rejet du pourvoi d'un simple
particulier qui prétendait que l'art. 341 n'était applicable qu'aux fonctionnaires ; cette thèse était
évidemment insoutenable ; mais la Cour la repoussa
en posant en principe que l'art. 341 « doit s'étendre
» indistinctement à toute personne qui se trouve
» dans le cas prévu par cet article. » —Partant de ce
principe, un second arrêt, du 25 mai 1832, avait déclaré l'art. 341 applicable à un gendarme et à un
officier de la garde nationale coupables de détention
arbitraire.

Il y avait de bonnes raisons à faire valoir dans
le sens de cette jurisprudence.

Les deux séries de dispositions contenues, les unes
dans les art. 114 et suiv., les autres dans les art. 341

à 344, peuvent très-bien se combiner et s'appliquer concurremment. Toutes deux prévoient des atteintes à la liberté ; mais l'art. 341 suppose que le délinquant a agi sans ordre des autorités constituées, tandis que l'art. 114 parle d'un ordre de ce genre et paraît bien supposer, dans le cas où cet ordre n'a pas été donné au délinquant, que lui-même avait le droit d'agir comme autorité constituée. Or, il y a des fonctionnaires inférieurs qui n'ont absolument aucun pouvoir de donner un ordre, et qui ne sont préposés qu'à l'exécution des ordres d'autrui. Tels sont les agents de police.

L'article 114 ne semble donc pas fait pour leur être appliqué. Dans cette hypothèse, l'application des art. 341 à 343 paraîtrait possible et serait assurément utile.

On peut ajouter d'autres considérations. La peine prononcée par l'art. 114, qui est celle de la dégradation civique, les dispositions qui suivent cet article et qui s'occupent des ministres et de hauts fonctionnaires en général (sauf l'art. 120 qui parle des gardiens de prison, mais qui aussitôt abaisse la peine à l'emprisonnement), la raison naturelle qui range plus volontiers les actes des agents inférieurs de l'administration dans la catégorie des délits que dans celle des crimes, ces divers motifs concourent à justifier l'interprétation que la Cour de cassation avait donnée à la loi.

Mais un arrêt du 4 septembre 1862 est venu renverser cette ancienne jurisprudence ; par cet arrêt, la Cour a décidé que si l'art. 341 pouvait être appliqué à des fonctionnaires, ce n'était que quand le fonctionnaire avait agi en dehors de ses fonctions et pour la satisfaction de ses passions personnelles, qu'au contraire l'article serait inapplicable au fonctionnaire qui avait agi dans l'exercice de ses fonctions et en vertu de son autorité ou par l'ordre des dépositaires de l'autorité ; elle a jugé, en conséquence, que l'arrestation arbitraire faite par un sergent de ville de Paris rentrait exclusivement dans les prévisions de l'art. 114 et constituait donc un crime, à raison duquel le particulier qui se prétendait lésé n'avait pas le droit de citation directe. Tel est l'état actuel de la jurisprudence.

Faisons observer que, du moins, il faut pour l'application des art. 114 et suiv. que le prévenu soit réellement fonctionnaire, préposé ou agent du gouvernement. C'est donc avec raison que la Cour de cassation l'a écartée dans un cas où le prévenu était un entrepreneur de travaux militaires (arrêt des Ch. réun. du **21** juin 1836).

**104.** Examinons maintenant en elles-mêmes les dispositions pénales dont nous avons parlé et commençons par celles qui sont applicables aux simples particuliers.

Les art. 341 à 344 punissent l'*arrestation* ou la *séquestration illégale* opérée sans ordre des autorités constituées, et distinguent entre le cas où la détention de la personne arrêtée ou séquestrée a été rendue à la liberté avant le dixième jour et sans que des poursuites aient été dirigées contre les auteurs de la détention, et le cas contraire.

Dans le premier cas, l'arrestation illégale est un délit; dans le second, elle est un crime.

Le délit est puni d'un emprisonnement de deux à cinq ans, avec renvoi facultatif sous la surveillance de la haute police depuis cinq ans jusqu'à dix ans (art. 343).

Le crime est puni des travaux forcés à temps, si la détention a duré moins d'un mois (art. 342), et des travaux forcés à perpétuité dans le cas contraire (art. 341). Dans ce dernier cas, la personne qui aura prêté un lieu de détention sera frappée de la même peine (même art. 341).

L'art. 344 prévoit des circonstances aggravantes : — emploi d'un faux costume, d'un faux nom ou d'un faux ordre de l'autorité; menaces de mort, — circonstances qui peuvent se présenter alors même que la détention aura duré moins de dix jours et qui font de la détention illégale un crime, indistinctement puni des travaux forcés à perpétuité. Enfin, si des tortures corporelles ont été infligées à la victime, la peine de mort, est prononcée contre le coupable.

L'art. 463 du C. pén. est toujours applicable.

La complicité des crimes et délits qui précèdent, établie conformément à l'art. 60 du C. pén., est punie comme ces crimes et ce délit.

**105.** Le particulier qui, sous prétexte qu'une personne est en état de démence, la fait arrêter et déposer dans un établissement d'aliénés, en observant les formes légales, ne se rend pas coupable du crime puni par l'art. 341 (Cass., 18 février 1842).

Mais si un particulier se rendait complice des délits prévus par les art. 30 et 41 de la loi du 30 juin 1838, sur les aliénés, dont nous parlerons plus loin, il pourrait être condamné en cette qualité.

**106.** Nous savons déjà que tout *acte arbitraire ou attentatoire à la liberté individuelle* ordonné ou fait par « un fonctionnaire public, un agent ou » préposé du gouvernement » est un crime, aux termes de l'art. 114 du C. pénal.

Mais ce crime n'existe qu'à la charge de celui qui a la responsabilité de l'acte comme fonctionnaire. Ainsi, l'agent qui n'a fait qu'exécuter l'ordre d'un supérieur hiérarchique, n'est pas punissable, quelle que soit l'illégalité de l'ordre, et ce supérieur seul encourra la peine (même art. 114). Il est bien entendu que si le délit résulte non de l'ordre, mais de la manière dont il a été exécuté, c'est l'agent d'exécution qui est responsable.

**107.** L'art. 114 est applicable aux fonctionnaires de l'ordre judiciaire comme à ceux de l'ordre administratif. La latitude que la loi accorde au juge d'instruction pour la délivrance des mandats, rend peu facile à supposer une hypothèse où il soit exposé à des poursuites sérieuses pour un acte arbitraire en cette matière. Mais il est incontestable en principe que la poursuite pourrait être exercée contre le juge qui aurait décerné sans cause un mandat contre un citoyen irréprochable. — En outre, les art. 77 et 112 du C. d'instr. crim. admettent la prise à partie contre les magistrats qui n'ont pas observé les règles prescrites par la validité des informations et des mandats. Pour les détails relatifs à cette prise à partie, nous renvoyons aux art. 505 et suiv. du C. de procédure civile.

**108.** La peine édictée par l'art. 114 du C. d'instr. crim. est celle de la dégradation civique.

Les articles 115 et 116 sont spéciaux aux cas où l'acte coupable émane d'un ministre. Les détails de ces dispositions se réfèrent à un régime politique différent du régime actuel : cependant, elles sont encore en vigueur dans leurs parties essentielles. Il suffit ici d'y renvoyer. La peine est celle du bannissement.

**109.** L'art. 119 prononce la dégradation civique contre les fonctionnaires chargés de la police administrative ou judiciaire qui refusent ou négligent de déférer à une réclamation légale contre une détention arbitraire.

Cette disposition doit être complétée par celles des art. 615 à 617 du C. d'instr. crim. — Aux termes de ces articles, quiconque a « connaissance qu'un individu est détenu dans une maison qui n'a pas été destinée à servir de maison d'arrêt, de justice ou de prison, est tenu d'en donner avis au juge de paix, au procureur du Roi ou à son substitut, ou au juge d'instruction ou au procureur général près la Cour royale » (art. 615). Le magistrat averti est tenu de faire mettre aussitôt le détenu en liberté, ou s'il est allégué quelque cause légale de détention, de le conduire devant le juge compétent. Il doit agir ainsi d'office, s'il apprend le fait directement. Le tout, sous peine d'être puni comme complice de détention illégale (art. 616). Il a le droit de requérir main forte, et toute personne requise doit lui obéir (art. 617) sous peine de l'amende édictée par l'art. 475, n° 12, du C. pénal.

Nous devons nous contenter de renvoyer aux art. 121 et 122 dont les dispositions, qui prévoient certains cas spéciaux d'arrestation illégale, sont suffisamment claires et de peu d'application.

**110.** L'art. 120 porte : « Les gardiens et con-
» cierges des maisons de dépôt, d'arrêt, de justice
» ou de peine, qui auront reçu un prisonnier sans
» mandat ou jugement ou sans ordre provisoire du
» gouvernement; ceux qui l'auront retenu ou au-
» ront refusé de le représenter à l'officier de police
» ou au porteur de ces ordres, sans justifier de la
» défense du procureur impérial ou du juge; ceux
» qui auront refusé d'exhiber leur registre à l'offi-
» cier de police, seront, comme coupables de déten-
» tion arbitraire, punis de six mois à deux ans
» d'emprisonnement et d'une amende de seize à
» deux cents francs. »

Cette disposition contient la sanction de l'art. 609 du C. d'instr. crim. et elle reproduit à peu près celle de l'art. 618 du même Code.— Parmi les mandats qui justifient l'incarcération, le mandat d'amener n'est pas énuméré dans l'art. 609 : il en résulte que la représentation d'un semblable mandat ne ferait pas échapper à l'application de l'art. 120 (Cass., 4 avril 1840).

**111.** Rattachons à ce qui précède les art. 30 et 41 de la loi du 30 juin 1838, sur les aliénés.

Art. 30 : « Les chefs, directeurs ou préposés res-» ponsables ne pourront, sous les peines portées par » l'art. 120 du C. pénal, retenir une personne placée » dans un établissement d'aliénés, dès que sa sortie » aura été ordonnée par le préfet.. ou par le tribu-» nal..., ni lorsque cette personne se trouvera dans » les cas énoncés aux art. 13 et 14. » Les cas auxquels il est fait allusion par ce dernier renvoi sont les cas de guérison constatée.

L'art. 41 édicte un emprisonnement et une amende contre les chefs d'établissements d'aliénés qui contreviennent à certaines dispositions de la loi, notamment à celle du dernier paragraphe de l'art. 29 qui leur interdit de supprimer ou retenir les requêtes ou réclamations adressées soit à l'autorité judiciaire soit à l'autorité administrative par les personnes renfermées dans leurs établissements.

**112.** L'art. 184 est relatif à la violation du domicile par les représentants de l'autorité, en leur qualité, ou par des particuliers usant de menaces ou de violence. Cette violation est punie d'un emprisonnement et d'une amende dont le taux varie selon que les coupables sont des particuliers ou des représentants de l'autorité ; dans ce dernier cas, la peine ne frappe pas les simples agents d'exécution, mais seulement les supérieurs responsables.

Nous renvoyons pour les détails au texte même de l'article. Quant aux cas d'application, pour les déterminer, il suffit de se reporter aux paragraphes où nous avons indiqué les conditions légales sous lesquelles seules il est permis de s'introduire dans le domicile.

**113.** Aux délits spéciaux énumérés ci-dessus, il peut s'en joindre d'autres, prévus par la législation générale; par exemple, l'auteur de l'arrestation illégale aura pu injurier ou frapper, blesser même la personne arrêtée. Il va sans dire que réparation peut lui être demandée pour ces délits accessoires, dans les formes et sous les distinctions, quant à la compétence et quant aux diverses conséquences du fait, que comporte la loi commune.

Ce renvoi au droit commun, consacré par l'art. 186 du C. pénal en ce qui concerne spécialement « les fonctionnaires, officiers publics, administrateurs, agents ou préposés du gouvernement ou de la police, exécuteurs des mandats de justice ou jugements, commandants en chef ou en sous-ordre de la force publique, » se combine, pour les délinquants de cette classe, avec une augmentation de peine déterminée par l'art. 198 du même Code. Cette augmentation consiste, lorsqu'il s'agit de délits, à appliquer « toujours le maximum de la peine attachée à l'espèce de délit; » lorsqu'il s'agit de crimes, à appliquer la réclusion à la place du bannissement ou de la dégradation civique, les travaux forcés à temps à la place de la réclusion ou de la détention, les travaux forcés à perpétuité à la place de la déportation ou des travaux forcés à temps.

**114**. Telles sont les règles principales qui garantissent, en France, la liberté individuelle.

S'il nous est permis de résumer en quelques mots l'impression qu'elles nous paraissent devoir faire éprouver à l'appréciateur impartial, nous dirons qu'elles donnent plus de satisfaction à la théorie qu'à la pratique et, sans méconnaître l'usage utile qu'on en peut faire en certains cas, nous ajouterons qu'elles assureraient mieux le respect du principe qu'elles sont destinées à sanctionner si, moins sévères dans les peines, elles étaient dégagées d'entraves qui en rendent l'application difficile à obtenir.

Les réclamations publiques avanceront, on peut l'espérer, le moment où s'accomplira une réforme que l'avenir nous réserve sans nul doute.

FIN

# TABLE DES MATIÈRES.



FIN DE LA TABLE.

www.ingramcontent.com/pod-product-compliance
Lightning Source LLC
LaVergne TN
LVHW020209030726
842520LV00003B/972